Das kunterbunte Hundertwasserhaus

W0350327

Spazierengehen in der Dachrinne des Stephansdoms

HdeVos
1903

ALEXANDRA GRUBER &
WOLFGANG MUHR

Spontan MIT PLAN WIEN

Styria
VERLAG

UNTERWEGS MIT PLAN

Lust auf Entdeckungen oder Hintergrundinfos, Genussmomente oder Naturerlebnisse, Kulturgeschichte oder spontane Ideen auf einen Blick? Dann sind Sie hier genau richtig!

ERLEBEN & ENTDECKEN

FALCO
OUT OF THE DARK
ROCK ME AMADEUS
JEANNY
GANZ WIEN

KULINARIK & GENIESSEN

KULTUR & GESCHICHTE

AKTIVITÄT & NATUR

ERFORSCHEN & ERFAHREN

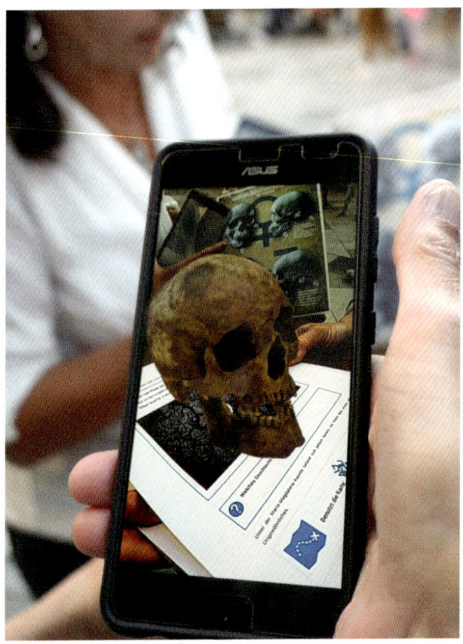

WIEN SPONTAN

SPONTAN MIT PLAN – SO GEHT'S:

Haben Sie etwas Zeit für Ihre Urlaubsplanung, so empfehlen wir, anhand der Kategorien einen abwechslungsreichen Wien-Urlaub zu planen – suchen Sie sich zum Beispiel aus jeder Kategorie ein Erlebnis, das Sie gerne machen wollen, und lassen Sie sich überraschen, wo wir Sie hinführen.

Oder ist für Sie eine alphabetische Reihenfolge übersichtlicher? Dann schauen Sie bitte ins Register ab S. 204. Dort sind alle Erlebnisse noch einmal von A wie Alpaka bis Z wie Zentralfriedhof aufgeführt. Einfach Lieblingsbuchstaben aussuchen & überraschen lassen.

Und wenn es ganz schnell und spontan gehen soll – unsere Wien-Spontan-Seiten (z. B.: auf den Seiten 114 oder 139) führen Sie direkt an Orte, die keine Reservierung benötigen und trotzdem einiges zu bieten haben. Also – los geht's!

Liebe Leserin, lieber Leser!

Wussten Sie, dass Wien vor ein paar Jahren aus 1830 Städten weltweit unter die Top-Ten-Metropolen mit dem höchsten Spaßfaktor gereiht wurde? Die österreichische Hauptstadt erreichte den achten Platz. Das verwundert uns nicht.

Als Einheimische schlüpften wir für einige Monate in die Rollen von Reisenden, um ein buntes Sammelsurium an Unternehmungen zu absolvieren. Am Ende stand die Erkenntnis: Langeweile ist in Wien ein Fremdwort.

Ein „Gondoliere“ chauffierte uns mit einer Ape Calessino durch die Weinberge, wir tuckerten mit der „Tschu Tschu Bahn“ auf den Kahlenberg und entdeckten vom Rücksitz einer Rikscha aus die prächtigsten Jugendstilgebäude der Stadt. Auf der Alten Donau steuerten wir unsere eigene Insel, eine Weintour im Zentrum führte uns in geheimnisvolle unterirdische Gewölbe, ein Bootstrip in den Dschungel Wiens. Fiaker weihten uns in ihre Geheimnisse ein, Alpakas begleiteten uns bei einer Wanderung im Wienerwald, wir durchstreiften mit einer Taschenlampe die finsteren Katakomben des Stephansdoms und den Zentralfriedhof bei Nacht.

Dieses Buch richtet sich an jene, die abseits der üblichen urbanen Klassiker das kleine Abenteuer und den großen Freizeitspaß in der Donaumetropole suchen.

Alexandra Gruber und
Wolfgang Muhr

Wien, März 2022

In eigener Sache: Der besseren Lesbarkeit wegen verzichten wir auf Binnen-I & Co. Damit sich unsere Leserinnen und Leser gleichermaßen angesprochen fühlen, verwenden wir abwechselnd die weibliche und die männliche Form.

Die lebenswerteste Stadt der Welt stellt sich vor

Spontan MIT PLAN

EINTAUCHEN IN DIE STADT

ÖSTERREICHS HAUPTSTADT

FLÄCHE:
414,6 km²

23
BEZIRKE

IN WIEN GIBT ES
1100
TRINKBRUNNEN

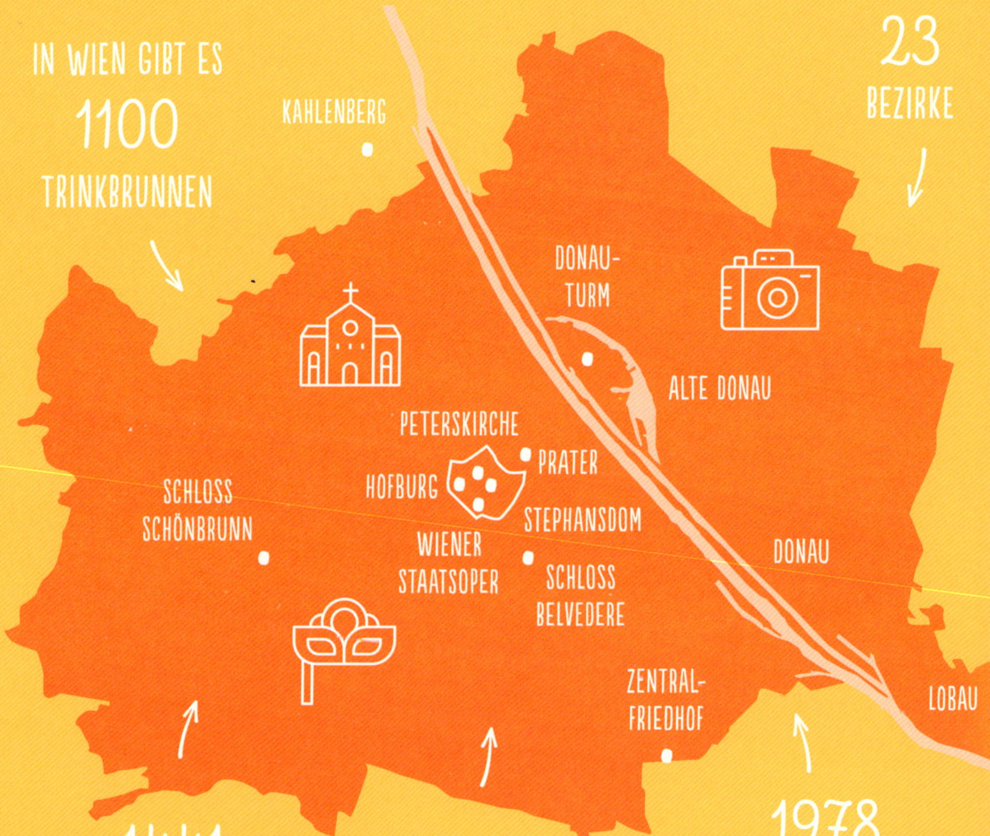

1441
ZIMMER GIBT ES
IN SCHLOSS
SCHÖNBRUNN

DIE BERÜHMTE
RINGSTRASSE IST
5200 m
LANG

1978
WURDE DIE ERSTE
U-BAHN-LINIE IN WIEN
ERÖFFNET

ERFORSCHEN
ERFAHREN

Stadt der Träume

Wien – ein erstes Kennenlernen

Die Hauptstadt auf einen Blick

Die einzige Hauptstadt mit eigenem Weinbau ist Wien.

Das älteste sich noch in Betrieb befindliche Riesenrad der Welt steht in Wien.

In Wien wurde die Schneekugel erfunden.

„Oida“ war das Jugendwort 2018.

„When will you realize … Vienna waits for you?“

Billy Joel schrieb sein berühmtes Lied „Vienna“, nachdem er in Wien gemeinsam mit seinem Vater eine Frau beim Straßenkehren beobachtet hatte.

UNTERWEGS

MIT PLAN

Spontan und gut geplant –
das geht hier Hand in Hand.

DIE BESTEN SIGHTSEEING- UND ERLEBNIS-WEBSEITEN:

Kultur zum Nulltarif:

www.wien.gv.at/kultur/abteilung/veranstaltungen/nulltarif.html

Der Onlineführer von WienTourismus:

www.wien.info/de

Das citytourist-Online-Reisemagazin mit Servicebeiträgen und Informationen rund um das Thema Städteurlaub:

austria.city-tourist.de/city-tourist.at-Wien.htm

1000things Vienna
Wie der Name schon sagt, berichtet der Blog über tausend (und mehr) Aktivitäten, Geheimtipps und aktuelle Erlebnisse in Wien.

www.1000things.at

Goodnight.at Wien
Das digitale Stadtmagazin für Wien mit Lokalführer und Eventkalender.

goodnight.at

Die WIENXTRA-Jugendinfo
WIENXTRA organisiert Freizeitaktivitäten für Kinder, Familien und Jugendliche.

www.wienxtra.at

~

VERANSTALTUNGSTIPPS IN WIEN

www.eventfinder.at/veranstaltungen-wien.php

www.falter.at/events

www.stadt-wien.at/veranstaltungen.html

~

DIE VIENNA CITY CARD FÜR AUFENTHALTE BIS ZU EINER WOCHE
Die Karte beinhaltet für die Dauer des Wien-Aufenthalts und maximal bis zu sieben Tage Vorteile in Museen und Sehenswürdigkeiten, freie Fahrt mit den Öffis in der Stadt und ein 24-h-Hop-on-Hop-off-Bus-Ticket. Sie kostet zwischen 17 Euro und 72 Euro, die Vorteile sind je nach Kaufpreis gestaffelt.

www.viennacitycard.at

STADTINFORMATION IM RATHAUS

Broschüren, Publikationen und Informationsmaterial über Wien werden bei der Stadtinformation im Rathaus gratis ausgegeben. Auch die Vienna City Card ist hier zu haben.

1. Bezirk, Friedrich-Schmidt-Platz 1.

www.wien.gv.at/kontakte/stadtservice/stadtinfo.html

~

ORIGINELLE WIENER GESCHENKIDEEN

The Viennastore nennt sich selbst „Museumsshop ohne Museum“ und bietet in der Herrengasse 5 bzw. 6–8 im 1. Bezirk originelle und kitschfreie Wien-Andenken feil.

viennawithlocals.at/de/viennastore

~

CITYBIKE WIEN

An mehr als 120 Stationen in Wien können rund um die Uhr Fahrräder an Bikeboxen entlehnt und wieder zurückgegeben werden. Die Anmeldegebühr beträgt 1 Euro und wird für zukünftige Fahrten gutgeschrieben. Die erste Stunde ist gratis.

www.citybikewien.at/de

~

ÖFFENTLICHE VERKEHRSMITTEL

Für die Nutzung der öffentlichen Verkehrsmittel empfehlen sich die 24-/48-/72-Stunden-Tickets. Kinder bis zu 6 Jahren fahren kostenlos. Fahrscheine sind u. a. in Trafiken erhältlich.

www.wienerlinien.at

HOLLYWOOD IN WIEN

Einer für alle, alle für einen in Wien: Eine Fassung des Degendramas „Die drei Musketiere“ wurde 1993 hauptsächlich in Österreich gedreht. Stars wie Charlie Sheen, Kiefer Sutherland, Chris O’Donnell und Oliver Platt kämpften actionreich gegen den intriganten Kardinal Richelieu. In die Rolle des Pariser Louvre „schlüpfte“ damals die Hofburg, der Burggarten diente als prächtige Kulisse für eine Fechtszene mit rund 1000 Statisten. Die vier Hauptdarsteller machten die Stadt damals als Partytiger unsicher. Sutherland schaffte es auf die heimischen Chronikseiten, weil er einen Kellner verprügelte und 14.000 Schilling Schmerzensgeld zahlen musste.

~

Die Donaumetropole vor Sonnenaufgang: Die bittersüße Romanze „Before Sunrise“ (1995) mit Julie Delpy (Celine) und Ethan Hawke (Jesse) in den Hauptrollen wurde an zahlreichen Originalschauplätzen in Wien gedreht. Der Film, in dem sich eine Französin und ein Amerikaner zufällig bei einer Europareise im Zug begegnen und eine Nacht lang gemeinsam durch die Stadt spazieren und sich dabei verlieben, ist mittlerweile ein Klassiker. Vom Westbahnhof aus erwandert das Pärchen rund zwanzig Orte, etwa die Mölker Bastei, den Spittelberg, den Prater oder den Friedhof der Namenlosen am Alberner Hafen.

Bummeln, flanieren, oder sich
auf Spurensuche begeben – gemütliche
Stunden in einer kunterbunten Stadt

Spontan MIT PLAN

ERLEBEN & ENTDECKEN

Oben: Das Boot kommt vom Kurs ab und trudelt in die Wiener Unterwelt.
Unten: Der liebe Augustin schlief betrunken in einer Pestgrube und überlebte.

SISI'S AMAZING JOURNEY
UND TIME TRAVEL VIENNA

ERLEBEN ENTDECKEN

Familientipp

Sisi auf einer virtuellen Bootsfahrt begleiten und rasant durch Wiens Geschichte fliegen

Schlechtwetter / Paare, Kinder / Dauer: 1 ½ Stunden / 10–20 Uhr / Letzter Einlass um 19:30 Uhr / U3 Herrengasse und U1 Stephansplatz / 1. Bezirk, Habsburgergasse 3 und 10A / Sisi's Amazing Journey und Time Travel Vienna

Kaum eine andere historische Persönlichkeit fasziniert in Wien dermaßen wie **KAISERIN SISI** (1837–1898). Die unglückliche Monarchin führte ein bewegtes Leben, über das unzählige Bücher verfasst und zahlreiche Filme gedreht wurden. Sie ist eine **IKONE ZWISCHEN MYTHOS UND KITSCH**, auf Schritt und Tritt begegnet man ihr bis heute in der Donaumetropole. Ihr Konterfei ziert Souvenirs und Postkarten, ihr Name muss für Torten, Pasteten und Kaffeekreationen herhalten, Museen und Ausstellungen präsentieren Exponate und Wissenswertes rund um die geborene von Wittelsbach.

Eine unkonventionelle Art, um sich der Kaiserin anzunähern, ist die Virtual-Reality-Attraktion **SISI'S AMAZING JOURNEY**, die historische Fakten mit Unterhaltung kombiniert. Die wichtigsten Stationen ihres Lebens werden in einem **KURZFILM** gezeigt. Erzählt wird von der Verlobung und Hochzeit der 16-jährigen Prinzessin mit Kaiser Franz Joseph I., ihrem Schönheitskult, dem Selbstmord ihres Sohns Kronprinz Rudolf im Jahr 1889, ihren ausgedehnten Reisen und ihrer Ermordung in der Schweiz. Im zweiten Teil der Sisi-Show geht es nicht um historische Fakten, sondern um das **ABTAUCHEN IN EINE VIRTUELLE TRAUMWELT**. Bewegliche Boot-Simulatoren, VR-Brillen und ein 5D-Effekt machen den Virtual Reality Boatride mit der lebensechten Kaiserin, dargestellt von einer Schauspielerin, zu einem Erlebnis für alle Sinne.

DIE KAISERIN ALS REISEBEGLEITERIN

Sisi steigt gut gelaunt ins **BOOT** und setzt sich in den Bug. Der grantige Steuermann, der hinter uns im Heck sitzt, manövriert den Kahn durch das Wiener Kanalsystem, während die Kaiserin wie ein überdrehter Teenager von ihrer Hochzeit im Jahr 1854 schwärmt. „Wir sind mit dem Schiff von Linz nach Wien gefahren, und es war so schön", flötet sie. Als das Boot mit Treibholz „kollidiert", kommen wir vom Kurs ab und trudeln in einen Tunnel, der uns in die Unterwelt führt. Dort treiben die ruhelosen Seelen der Alten Römer und der Geist der Blutgräfin Báthory ihr Unwesen. Im Laufe des Trips werden wir noch im Pinguingehege des Tiergartens in Schönbrunn landen, mit einem **360-GRAD-RUNDUMBLICK ÜBER DIE STADT** fliegen und den Musik-Ikonen Mozart und Falco begegnen.

WIENS GESCHICHTE IM ZEITRAFFER

In einem gegenüberliegenden Kellergewölbe in der Habsburgergasse 10A befindet sich die Erlebniswelt **TIME TRAVEL VIENNA.** Hier wird eine Reise durch die Stadtgeschichte als 5D-Multimedia-Show angeboten. Wir fliegen mit einer digitalen Zeitmaschine von der Urzeit in einem rasanten Tempo in das Römerlager Vindobona und dann weiter ins mittelalterliche Wien. In Begleitung eines Rattenschwarms flitzen wir durch den Stephansdom und über das Lager der Türken, die gerade die Stadt belagern. Im Anschluss treffen wir berühmte Habsburgerkaiser als lebensgroße, sprechende Puppen bei einer Audienz, begegnen einem mittelalterlichen Pestdoktor und dem lieben Augustin und schweben oberhalb eines Ballsaals mit digital animierten Walzerpaaren. Wir sehen einen originalen Kurzfilm von Kaiser Franz Josephs Beerdigung 1916, erleben in einem nachgebauten Bunker einen simulierten Luftangriff während des Zweiten Weltkriegs und entdecken das moderne Wien bei einem virtuellen Flug mit einem Fiaker aus der Vogelperspektive.

Sowohl bei Sisi's Amazing Journey als auch bei Time Travel Vienna geht es hauptsächlich um Animation und Unterhaltung, weniger um historische Präzision. Time Travel bereitet die Geschichte Wiens im Zeitraffer jedoch so innovativ auf, dass selbst Geschichtsmuffel und Kinder auf kurzweilige Art etwas lernen.

WEITERE TIPPS

WIEN SPONTAN

Sisi's Amazing Journey und Time Travel: Die Freizeitbetriebe kann man sowohl spontan besuchen als auch vorab online buchen, womit man sich an besucherstarken Tagen Wartezeit erspart. Das Kombiticket für beide Attraktionen rentiert sich, da es in Relation zu Einzelbesuchen um einiges günstiger ist. Die Tour würden wir erst für Kinder ab acht Jahren empfehlen.

www.amazing-sisi.at,
www.timetravel-vienna.at

SISI SPONTAN

Das Sisi Museum in der Hofburg besuchen: Das Sisi Museum in der Hofburg präsentiert rund 300 Exponate rund um das Leben der Kaiserin, darunter zahlreiche persönliche Gegenstände von Kaiserin Elisabeth wie Kleider, Schönheitsrezepte, ein Aquarellmalkasten oder ihre Reiseapotheke. Düster ist die originale Attentatsfeile, mit der Elisabeth 1898 in Genf ermordet wurde, nobel die begehbare Rekonstruktion ihres Hofsalonwagens.

www.sisimuseum-hofburg.at

Naschen wie die Kaiserin: Sisi liebte die kandierten Veilchen und ließ sie sich aus der K. u. K. Hofzuckerbäckerei Demel durch unterirdische Gänge in die Hofburg bringen. Die Traditionskonditorei vertreibt die mit Zucker überzogenen Blüten noch heute im Demel Shop am Kohlmarkt, verpackt sind sie in zauberhaften Dosen. Im Keller ist ein hauseigenes Museum untergebracht, das sich mit der über 200-jährigen Demel-Geschichte auseinandersetzt. Die leider sehr eingeschränkten Öffnungszeiten: Freitag von 10–12 Uhr.

www.demel.com/de

~

Essen, wo einst der Kaiser verkehrte: Das Hietzinger Maxingstüberl, eröffnet 1805, ist quasi in die Schlossmauer von Schönbrunn integriert und war einst eine Taverne, in der das Gesinde verköstigt wurde. Kaiser Franz Joseph hat sich in dem Lokal häufig mit seiner Geliebten Katharina Schratt getroffen. Gekocht wird nach dem populären Kochbuch von Marie Rokitansky, das erstmals 1897 publiziert wurde.
Top: das Schnitzel, herausgebacken in Butterschmalz, und der Kaiserschmarrn.

www.maxingstuberl.at

Oben: Einzigartiges Retrofeeling im ersten Autokino Österreichs.
Unten: Den Kinofilm kann man im Freien auch auf Liegestühlen verfolgen.

AUTOKINO WIEN

ERLEBEN ENTDECKEN

Familientipp →

Im Pyjama ins Kino fahren

Schön- und Schlechtwetter / Paare, Familien /
Dauer: 2–4 Stunden / 2301 Groß-Enzersdorf bei Wien /
Autokino Wien

Kinder knotzen auf den Vordersitzen der Pkws, Eltern auf der Rückbank. Hunde dürfen Frauchen und Herrchen zur Vorstellung begleiten, Hotdogs und Cocktails werden während der Vorstellung serviert. Im Autokino Wien direkt an der Stadtgrenze ist alles ein bisschen anders als in herkömmlichen Filmtheatern.

Kurz vor der Dämmerung lotsen Mitarbeiterinnen in Warnwesten die letzten Ankömmlinge zu ihren **STELLPLÄTZEN**. Die Filmstarts sind an den Sonnenuntergang gekoppelt, im Juni wird ab 21.45 Uhr gespielt, in der kalten Jahreszeit dementsprechend früher. Dank **BODENWELLEN** stehen die Wagen leicht bergauf, das garantiert dem Publikum die perfekte Sicht auf die Leinwand. Der Ton zum jeweiligen Film wird über eine von drei Radiofrequenzen empfangen, die Lautstärke können die Besucher individuell regeln.

Das Autokino in Groß-Enzersdorf war das erste in Österreich und ist heute das einzige auf einem fixen Standort. Es wurde 1967 eröffnet und bietet Platz für etwas mehr als 1000 Pkws. Der erste ausgestrahlte Film war „Apache" mit Burt Lancaster in der Hauptrolle. Der Ton wurde damals über Lautsprecher wiedergegeben, die die Zuschauerinnen mit ins Auto nahmen. Snacks und Getränke wurden beim Servicepersonal, das auf Elektrorollern unterwegs war, über Rufanlagen bestellt. Sogar zwei Heizkörper standen pro Fahrzeug für kühlere Abende zur Verfügung. Es gab nur eine Leinwand. Sie ist noch heute in Betrieb, mit 525 m² die größte auf dem Gelände und firmiert unter der Bezeichnung **„KINO A"**. In den 1990er-Jahren kamen zwei kleinere Leinwände **(KINO B UND C)** dazu. Nach dem Konkurs 2015 wurde die Abspielstätte zwei Jahre später von einem jungen

UNTERWEGS

MIT PLAN

AUTOKINO WIEN

Die Öffnungszeiten variieren. Blockbuster werden häufiger und meist von Mittwoch bis Sonntag gespielt. Oft ist das Autokino nur am Wochenende geöffnet. Die Filmstarts richten sich nach dem Sonnenuntergang. Es gibt auch eine Abendkasse, doch bei populären Filmen empfiehlt es sich, die Tickets im Vorverkauf online zu kaufen.

autokino.at

Team übernommen, adaptiert und modernisiert.

RETROFEELING UND ESSENSBESTELLUNG MIT DER APP

Nach dem ersten Corona-Lockdown wurde das Lichtspielareal am 15. Mai 2020, genau eine Minute nach Mitternacht, unter großem medialen Echo wiedereröffnet. „Die Leute rannten uns damals die Tür ein", erinnert sich einer der Betreiber, Markus Cepuder. „Ich glaube, sie mögen dieses **EINZIGARTIGE RETROFEELING.** Die Besucher kommen aus einem Umkreis von bis zu 200 Kilometern." Grund dafür sei das außergewöhnliche Erlebnis. „Unsere Speisekarte bietet viel mehr als in einem normalen Kino. Außerdem bringt das Servicepersonal das Essen und die Getränke direkt zum Auto", sagt der Groß-Enzersdorfer.

Das **TAKE-AWAY-LOKAL** befindet sich in der Mitte des etwa 35.000 m² großen Geländes. Die Gäste können sich persönlich etwas abholen oder mit der **APP GETSBY** ihre Bestellung schicken. Wer nicht im Auto bleiben möchte, nimmt in den **LIEGESTÜHLEN** oder an **STEHTISCHEN** vor dem Take-away Platz. Dieser Teil des Areals wird auch für größere Gruppen vermietet. Der Ton kommt hier über einen Lautsprecher und das Autokino verwandelt sich in ein Outdoorkino. Andere Gründe für einen Besuch prangen innerhalb des Geländes auf Transparenten. „Weil ich am liebsten ungestört bin", „Weil ich hier im Pyjama ins Kino kann" oder „Beste Date-Location" ist zu lesen. Tatsächlich nannte man die Drive-in-Theater in den 1960er- und 1970er-Jahren auch „Knutschkino". Die Plätze in der letzten Reihe waren damals besonders begehrt.

Wer hatte nicht schon einen dieser Kinobesuche? Der längste Lulatsch im ganzen Saal oder die einzige Frau mit Hut sitzt ausgerechnet auf dem Platz vor mir. Ein paar Teenager rascheln unentwegt mit der Popcorntüte, der Nebenmann kommentiert den Film lautstark. Im Autokino bleibt man von diesen unerfreulichen Erlebnissen garantiert verschont.

WEITERE TIPPS

KINO IN WIEN MIT PLAN

Mit Prominenten im Retro-Filmtheater plaudern: Mehr Retro als die Breitenseer Lichtspiele geht nicht. Das älteste Kino Wiens zeigt einmal im Monat einen Stummfilm mit Live-Klavierbegleitung. Auch ein Schmankerl: An den „Kult Kino"-Abenden präsentieren Prominente ihre Lieblingsfilme und unterhalten sich im Anschluss mit dem Publikum. Das Programmkino zeigt vorrangig österreichische und europäische Filme. 1969 erwarb Anna Nitsch-Fitz das Penzinger Kino und war bis 2020 die Seele des Lichtspieltheaters, danach wurde es von ihrer Nichte übernommen.

www.bsl-wien.at

~

„Tatort" schauen auf der großen Leinwand: Krimifans schauen fast jeden Sonntag ab 20.15 Uhr den Tatort-Ermittlerinnen auf der großen Leinwand gratis bei der Arbeit zu. Die beliebte Krimiserie wird im morbid-charmanten Schikaneder in Margareten gezeigt. Reservierungen sind nicht möglich, es herrscht das First-Come-First-Serve-Prinzip.

www.schikaneder.at/kino/tatort

~

Kino mit allen Sinnen erleben: Das Gegenteil von Retro erleben Cineasten im 4DX-Kinosaal des Hollywood Megaplex Gasometer. Die Sitzplätze sind mit speziellen Kinostühlen und Hightechgeräten ausgestattet, die Bewegungen passend zum Geschehen auf der Leinwand nachahmen. Nebel, Blitze, Wasser, Wind und Düfte sorgen zusätzlich für realistische Filmimpressionen.

www.megaplex.at/kinoprogramm/gasometer

Oben: Eugene Quinn genießt den süßen Duft rund um die Manner-Manufaktur.
Unten: Einer der typischsten Wiener Gerüche ist das Würstelstand-Aroma.

WHOOSH-STADTFÜHRUNGEN

Die tiefgründige Seele der Großstadt erschnuppern

Schön- und Schlechtwetter / Erwachsene / Dauer: je nach Tour ab 150 Minuten / Termine laut Webseite / Stadtwanderungen in unterschiedlichen Bezirken / Kollektiv Whoosh

Für einen geführten Stadtspaziergang ist die **U-BAHNSTATION ALSER STRASSE** ein ungewöhnlicher Treffpunkt. An diesem Ort zieren weder prunkvolle Palais noch schmucke Biedermeierhäuser die Umgebung, stattdessen donnert die Freitagnachmittags-Blechlawine am Gürtel vorbei. Auf der gegenüberliegenden Geschäftsstraße werden keine eleganten Designerklamotten feilgeboten, sondern Secondhandware und Smartphones. Guide **EUGENE QUINN** trägt als Hommage an die 48er, die stolzen Wiener Müllfrauen und -männer, eine orangeleuchtende Arbeitshose, dazu einen Sweater im Farbton „Manner-blassrosa“. Zum Auftakt erklärt er, warum er diesen Ausgangspunkt für die Stadtwanderung gewählt hat. „Hier steigt uns einer der legendärsten Gerüche der Stadt in die Nase, ‚Chanel N° U6‘. Es ist eine Mischung aus Achselschweiß, Urin, Marihuana, Alkohol und Kebab.“

Die **SMELLS LIKE WIEN SPIRIT-TOUR** ist einer von unterschiedlichen themenspezifischen Spaziergängen, die der gebürtige Brite und langjährige Wahlwiener ersonnen hat und mit allerlei britischem Humor präsentiert. Dass die Wiener Linien eine eigene Parfum-Kreation mit dem Namen „Chanel N° U6“ auf den Markt gebracht haben, ist eine Erfindung des Online-Satiremagazins „Die Tagespresse“, der Rest der Geschichte hat einen wahren Kern. Eugene ist ein Reiseführer der etwas anderen Art, er ist ein Sammler von Kuriositäten, ein gewissenhafter Beobachter, ein kreativer Kopf. Als „Zuagraster“ bemerkt er heimische Eigenheiten, die einer gelernten Österreicherin

UNTERWEGS

MIT PLAN

MIT EINHEIMISCHEN IHR GRÄTZL ENTDECKEN

Die Greeters sind keine professionellen Reiseleiterinnen, sondern ein internationales Netzwerk von Ehrenamtlichen, die kostenlos durch ihr Grätzl führen. In Wien spazieren rund 145 Greeters mit in- und ausländischen Gästen abseits der Touristenpfade durch ihre Heimatbezirke. Auf der Homepage werden ausdrücklich auch Wienerinnen und Wiener eingeladen, an einer Tour teilzunehmen oder als Greeter durch die Stadt zu führen. Buchung zwei Wochen im Voraus. Dauer etwa zwei Stunden.

www.viennagreeters.com/willkommen-in-wien

~

ÜBER DIE BRAUKUNST LERNEN UND BIER VERKOSTEN

Wer dem Ottakringer Odeur noch näherkommen möchte, bucht die einstündige Führung in der gleichnamigen Brauerei. Die Teilnehmerinnen erfahren so manches über das Bierbrauen und die Geschichte des Betriebs und kosten sich durch verschiedene Gerstensäfte.

www.ottakringerbrauerei.at/ottakringer-erlebniswelt/fuehrungen

so vertraut sind, dass sie ihr nicht auffallen. Seine Erkenntnisse verwandelt er durch die Kunst des Storytellings in liebevoll-humoristische Vorträge, mit denen er auf urbanen Entdeckungsreisen unterhält. „Bei meinen Führungen feiere ich Wien und ermutige die Einheimischen, **IN IHRER STADT URLAUB** zu machen."

WIENER WOHLGERUCH

Zurück zu unserem olfaktorischen Ausflug. Mit der Straßenbahnlinie 43 flüchten wir vor dem Verkehrslärm in den nordwestlich gelegenen Bezirk Hernals und erkunden zu Fuß die Umgebung. „Wien riecht im Vergleich zu anderen Großstädten gut, weil die Müllentsorgung funktioniert", sagt Eugene. „Einer der typischsten Wiener Gerüche ist das **WÜRSTELSTAND-AROMA**, eine Mischung aus Schweineschmalz und Bier. Wenn mir dieses Odeur in die Nase steigt, weiß ich, dass ich zu Hause bin." Wir marschieren durch das Viertel und passieren die **JULIUS MEINL-MANUFAKTUR**, in der wochentags der anregende Duft von frisch geröstetem Kaffee durch die Luft zieht. Im nahe gelegenen schmucken Kongresspark folgen angeleitete Atemübungen mit der Gruppe. Danach geht es per pedes weiter zur Wilhelminenstraße 6, wo die **MANNER-MANUFAKTUR** die Nasen der Anrainer mit dem Duft von Schokolade, Nüssen und Waffeln verwöhnt. Als wir im Anschluss auf dem Weg zum Yppenplatz die **OTTAKRINGER BRAUEREI** passieren, weht der kultige Geruch von Malz und Hefe durch die Gassen.

Zur Vermittlung der typischen Wien-Gerüche und des ortsansässigen Schmähs hat Eugene ein paar Dosen „**WIENER LUFT**" in unterschiedlichen Sorten und verpackt in handlichen Aludosen mitgebracht. Das Sortiment umfasst Heurigenluft (Nebenwirkung: Glückseligkeit), Beislluft (mit einem Hauch von k. u. k.) und Puffluft (mit Plüsch, Rouge, Lack & Leder). Alle Inhaltsstoffe, so steht es geschrieben, stammen aus der Donaumetropole. Der wohlriechendste Platz der Stadt ist für Eugene das **CAFÉ JELINEK** in Mariahilf. „In der Mitte des Lokals steht ein schmiedeeiserner Koksofen. Es duftet nach altem Holz, hausgemachtem Apfelstrudel, Kaffee und warmer Milch. Das Jelinek ist ein wundervoller, warmer Platz mit zauberhaftem Charme."

Die Touren sind originell und vermitteln einen frischen Blick auf die Stadt. Eugene Quinn mischt Fakten mit Entertainment. Für die Spaziergänge empfehlen wir bequemes Schuhwerk und einen trainierten Lachmuskel.

WEITERE TIPPS

WIEN SPONTAN

Whoosh-Stadtführungen: Alle Stadtwanderungen mit Eugene Quinn finden zu unterschiedlichen Terminen und abwechselnd in Englisch und in Deutsch statt. Für die englischsprachigen Touren ist kein hohes Sprachniveau nötig. Die Touren führen häufig in Grätzl abseits der Touristenpfade, etwa Ottakring, das Nordbahnviertel oder die Seestadt Aspern. Für die Teilnahme ist keine Anmeldung erforderlich.

whoosh.wien

~

Günstig naschen in Hernals: Wem der Manner-Flagship-Store am Stephansplatz zu voll ist, fährt gleich nach Hernals zur Manner-Hauptproduktionsstätte und kauft im angeschlossenen Shop günstige Bruchware. Die rosarot verpackten Schnitten des Traditionsunternehmens schmeckten sogar dem Terminator. In Teil 3 der gleichnamigen Action-Filmreihe greift Arnold Schwarzenegger in seiner Paraderolle in einer Szene nicht zu den Waffen, sondern zu den Waffeln.

www.josef.manner.com/de/unternehmen

~

In der Welt der Kaffeehausliteratur versinken: Der laut Eugene wohlriechendste Platz der Stadt ist das mit Patina überzogene Café Jelinek in Mariahilf. Es ist Teil des immateriellen UNESCO-Kulturerbes „Wiener Kaffeehaus" und entführt mit gelbstichigen Wänden, plüschigen Sitzgelegenheiten, vergilbten Autogrammfotos von Promi-Gästen und einem schmiedeeisernen Ofen in das Wien der Kaffeehausliteraten. Apropos Literatin: Das Lokal verdankt seinen Namen nicht der Nobelpreisträgerin, sondern einer früheren Besitzerfamilie.

cafejelinek.steman.at

Das Café Rüdigerhof in Margareten erfreut
Jugendstil- und Gulaschfans.

FAXI DAS FAHRRADTAXI

ERLEBEN ENTDECKEN

Familientipp →

Mit der Rikscha die Schätze des Jugendstils aufspüren

Schönwetter / Paare, Freunde / Dauer: 3 Stunden / Termine und Startpunkt nach Wunsch / FAXI Das Fahrradtaxi

Pünktlich um 15 Uhr wartet ein Mann mit Strohhut und einem seltsam anmutenden Gefährt direkt vor unserem Haustor. Wir steigen in das nachhaltigste Taxi, mit dem wir je gefahren sind, in die Rikscha von Faxi-Gründer Christoph Ertelthalner. Sie wird nicht mit Kraftstoff, sondern elektrisch unterstützt von zwei sportlichen Waden angetrieben. „Das Faxi schafft bis zu 25 km/h, darüber riegelt der Motor automatisch ab“, erklärt er. Das Wiener Unternehmen **FAXI DAS FAHRRADTAXI** bietet unter anderem unterschiedliche Stadtrundfahrten an. Eine davon ist die **JUGENDSTIL-TOUR.** Den berühmten Baustil findet man über die Bezirke verstreut, ein konkretes Jugendstil-Grätzl gibt es nicht.

Entlang des Rings geht es Richtung Heldenplatz. Wir zuckeln hinter einem Fiakerfahrer zur Bognergasse und halten beim **RESTAURANT „ZUM SCHWARZEN KAMEEL“**. „Die Marke ist mehr als 400 Jahre alt. Der Gewürzkrämer Johan Baptist Cameel hat das Haus 1618 gekauft“, erzählt Christoph. 1901 wurde auf dem Platz ein neues Gebäude errichtet, aus dieser Zeit stammt das noch immer vorhandene Interieur im edlen Jugendstil. Die **APOTHEKE „ZUM WEISSEN ENGEL“** mit ihrer mit Marmor und Mosaiken geschmückten Jugendstil-Front dekoriert ebenfalls die Bognergasse. Die nächste Station ist die **ANKERUHR** (→ Seite 91), danach werden wir zu Otto Wagners Gesamtkunstwerk, dem **POSTSPARKASSENGEBÄUDE**, kutschiert. Erschweren Baustellen und Einbahnen den Weg, verwandelt sich unser Chauffeur blitzschnell in einen Fußgeher, indem er absteigt und das Faxi schiebt. Nach dem 1. Bezirk steuern wir die **FRANZÖSISCHE BOTSCHAFT** beim Schwarzenberg-

UNTERWEGS

MIT PLAN

DEN HOFPAVILLON IN HIETZING BESTAUNEN

In den Jahren 1894/95 wurde Otto Wagner mit der Planung der neuen Stadtbahn beauftragt. Das Architekturgenie ließ ein Stationsgebäude nahe Schönbrunn, das der kaiserlichen Familie vorbehalten war, bauen. Er richtete einen noblen Wartesalon und ein Arbeitszimmer für den Kaiser ein, die Räumlichkeiten sind mit Seidentapeten bespannt, das Interieur wurde aus Mahagoniholz gefertigt. Der luxuriöse Pavillon wurde jedoch nur zweimal von Franz Joseph I. besucht, jeweils bei der offiziellen Eröffnungsfahrt einer Bahn. Der Rest der hochwohlgeborenen Sippe schaute nie vorbei. Das Gebäude befindet sich in der Nähe der U-Bahn-Station Kennedybrücke und ist von April bis Oktober an den Wochenenden zu besichtigen.

www.wienmuseum.at

platz in Wieden an. „Die Baupläne für dieses Palais sollen angeblich mit denen des Botschaftsgebäudes in Istanbul verwechselt worden sein", erzählt Christoph. „Es handelt sich jedoch um eine Legende." Danach folgt ein Abstecher zu den **STADTBAHN-PAVILLONS IM RESSELPARK**, die Otto Wagner als Haltestellengebäude für den Karlsplatz entworfen hat. Ab nun wird noch kräftiger in die Pedale getreten. Wir verlassen das Zentrum Richtung Wienzeile und legen Stopps bei der **SECESSION**, den berühmten **JUGENDSTIL-WOHNHÄUSERN AM NASCHMARKT** und beim Rüdigerhof ein, der direkt am Wienfluss prachtvoll in den Himmel wächst.

JUGENDSTIL IN HIETZING, PENZING UND HÜTTELDORF

Auf einem Radweg gelangen wir zum **HIETZINGER HOFPAVILLON**, ebenfalls ein Schmuckstück aus Otto Wagners Architektur-Schatzkiste. Danach fahren wir einige Zeit durch den 15. Bezirk, wo wir mit unserer Rikscha bei Schanigarten-Gästen und Passantinnen für Erheiterung sorgen. In der Gartensiedlung „Am alten Berg" schimmert die goldene Kuppel der **KIRCHE AM STEINHOF** durch die Bäume.

Seit wir die Innenstadt verlassen haben, legt das Faxi mehr und mehr Höhenmeter zurück. Das erste Faxi rollte 2001 aus der Garage. Auf die Idee mit den Fahrradtaxis kam der Niederösterreicher vor 40 Jahren bei einem Aufenthalt in Indien. „Dort sah ich, welche verrückten Dinge man mit Fahrrädern anstellen kann."

Auf die **STEINHOFGRÜNDE** folgt der **DEHNEPARK** (→ Seite 161), eine naturparkartige Anlage, die bereits zum Wienerwald gehört. Hier zockeln wir auf einem Spazierweg an einer Ruinenvilla und einem wildromantischen Waldspielplatz vorbei. Der Rückweg ist ein Schmankerl, er führt uns hinunter zum Radweg, der direkt am Flussbett entlang der Wien verläuft. Rechts über unseren Köpfen tobt die Verkehrshölle, links baden Menschen, Hunde und Entenfamilien. Beim Bezirksamt Hietzing verlassen wir den Radweg neben dem Flüsschen und fahren zurück in die Innenstadt. Christoph setzt uns vor der Haustür ab. Ein Blick auf den Tacho verrät: Wir haben 30 Kilometer zurückgelegt.

> Die Jugendstil-Tour birgt selbst für Einheimische viele Überraschungen. Die Art der Fortbewegung ist für die Fahrgäste entspannend, das Tempo perfekt für Sightseeing.

WEITERE TIPPS

WIEN SPONTAN UND MIT PLAN

Mit FAXI Das Fahrradtaxi unterwegs sein: Faxi bietet unterschiedliche Thementouren an, etwa eine Innenstadt- oder eine Hundertwasser-Tour. Auch individuelle Touren sind jederzeit möglich. Die Rikschas können ebenfalls als Shuttledienst (mit Plan) oder wie ein normales Taxi telefonisch gerufen (spontan) werden. Die Flotte besteht aus zehn Faxis, ein Gefährt bietet Platz für zwei Gäste. Die Wartezeit auf ein Faxi beträgt im Zentrum ein paar Minuten, es empfiehlt sich dennoch eine Vorab-Reservierung.

www.faxi.at

An lauen Sommernächten im Café Rüdigerhof abhängen: Das Café Rüdigerhof in Margareten wurde im April 1903 eröffnet und gilt als beliebter Künstlerinnen-Treffpunkt. Die Einrichtung stammt zum Großteil noch aus den 1950er- und 1960er-Jahren, das Gebäude selbst wurde im Jugendstil errichtet und steht unter Denkmalschutz. Das Gulasch schmeckt sensationell, der weitläufige Gastgarten mit den alten Ahornbäumen und der Sperrstunde um 2 Uhr früh ist das sommerliche Schlagobershauberl des Lokals.

www.ruedigerhof.stadtausstellung.at

Oben: Die Paulinenwarte ist ein architektonischer Blickfang im Türkenschanzpark.
Unten: In der Cottagegasse 37 schrieb Felix Salten den Roman „Bambi".

DAS COTTAGEVIERTEL

ERLEBEN ENTDECKEN

Im mondänsten Viertel der Stadt flanieren

Schönwetter / Paare / Dauer: je nach Lust und Laune / 40A und 37A Währinger Park oder Cottagegasse / 18. und 19. Bezirk / Cottageviertel

„In diesem Haus schrieb **FELIX SALTEN** 1923 Bambi", steht auf der Marmortafel, die an dem Zaunpfeiler angebracht ist. Das Haus in der Cottagegasse 37 ist eine verzaubert wirkende Stadtvilla mit Vorgarten und blau bemalten Fensterläden, in der der Schriftsteller (1869–1945) sein bekanntestes Werk verfasst und bis zu seiner Emigration im Jahr 1939 gelebt hat. In derselben Gasse auf Nummer 72 wohnte zwei Jahrzehnte lang der Sänger und Schauspieler **JOHANNES HEESTERS** (1903–2011), gleich ums Eck in der Colloredogasse ließ sich der Künstler **ARIK BRAUER** (→ Seite 118 ff.) nieder. Die Liste der Prominenten, die sich im Cottageviertel, oder im „Koteesch", wie frankophile Wienerinnen und Wiener den Namen hauchen, in den letzten 150 Jahren ansiedelten, ist lang. Unter anderem logierten hier der Dramatiker **ARTHUR SCHNITZLER** (1862–1931), die Schauspielerin und Erfinderin **HEDY LAMARR** (1914–2000), der Entertainer **PETER ALEXANDER** (1926–2011) und der Komponist **EMMERICH KÁLMÁN** (1882–1953), um nur einige wenige zu nennen. Der Stadtteil, gelegen in den heutigen Bezirken Währing und Döbling, verströmt noch immer die Atmosphäre des mondänen **FIN DE SIÈCLE**. Die Alleen sind gesäumt von Villen im Landhausstil, errichtet in den Jahren 1873 bis 1930. Einige wurden abgerissen oder im Zweiten Weltkrieg zerbombt, doch viele Gebäude, Plätze und Gärten sind noch so prächtig wie einst. An manchen vornehmen Häusern sind Schilder angebracht, die auf die ehemaligen berühmten Bewohnerinnen und Bewohner hinweisen. Das Viertel ist charmant und seltsam aus der Zeit gefallen.

UNTERWEGS

MIT PLAN

DAS COTTAGEVIERTEL
Auf der Webseite des Wiener Cottage Vereins werden Ideen für Rundgänge vorgeschlagen, die man sich entweder als PDF oder als Audioguide für das Smartphone kostenlos herunterladen kann. Weiters sind Guides aufgelistet, die auf Anfrage durch das Cottage führen. Das Buch „Das Wiener Cottage – Der Traum vom gesunden Leben" ist direkt beim Verein zu bestellen.

www.cottageverein.at

Es vermittelt architektonisch die Atmosphäre der goldenen Jahre Wiens um die vorige Jahrhundertwende. Es fahren wenige Autos, auf den Straßen treffen wir kaum Passanten an. Das Leben der rund 6000 Einheimischen scheint sich wie im Biedermeier in den eigenen vier Wänden abzuspielen. Es gibt keine Geschäfte, Wirtshäuser oder Manufakturen, nur ein paar Botschaften, Arztpraxen und Anwaltskanzleien. Das Cottage war als reines Wohnviertel konzipiert worden, das war die Grundidee. Lediglich drei Busstationen nach dem Gürtel haben wir den Trubel und die Hektik der Großstadt hinter uns gelassen. Baumallee statt Blechlawine, sozusagen.

Westlich grenzt das Viertel an den **TÜRKENSCHANZPARK**, der auf eine Initiative des Cottage Vereins (→ Seite 39) zurückgeht und indirekt von diesem geschaffen wurde. Die Errichtung der ursprünglichen Anlage wurde hauptsächlich durch Spenden des Vereins und seiner Sympathisanten finanziert. Von Beginn an ist der 1888 eröffnete Park öffentlich zugänglich gewesen, 1910 wurde er erheblich erweitert. Das nunmehr **150.000 m²** große Areal ist mit seinen Springbrunnen, künstlich angelegten Bächen, Teichen, Wasserfällen und Gebirgslandschaften, exotischen Bäumen und dem Aussichtsturm Paulinenwarte einer der schönsten Parks von Wien. Seinen Namen bekam er, weil sich hier während der Türkenbelagerungen Stellungen des Osmanischen Heeres befanden. Heute lagern an diesem Ort keine Krieger, sondern Erholungssuchende aus der ganzen Stadt.

DAS ERSCHEINUNGSBILD BLIEB DANK EINEM VEREIN ERHALTEN

„Das Cottage ist das einzige Gartenstadt-Viertel in Wien, das privat entwickelt, geplant und gestaltet wurde", erzählt Dr. Erich Stöger. „Alle anderen Stadtteile Wiens sind eher zufällig gewachsen." Der Vizepräsident des **WIENER COTTAGE VEREINS** lebt mit seiner Familie seit 1982 in einer für das Viertel typischen Villa in der Hasenauerstraße und ist einer der Co-Autoren des Buches „Das Wiener Cottage – Der Traum vom gesunden Leben". Die 1872 gegründete Interessensgemeinschaft setzt sich bis heute für den Erhalt des Ensembles ein, das an eine **ENGLISCHE GARTENSTADT** erinnert. Die Häuser sind freistehend und verfügen über einen Vor- und einen Hintergarten. Die Idee für eine Wohnoase an der Stadtgrenze stammt von dem Ringstraßen-Architekten Heinrich von Ferstel. „Die ersten 50 Cottage-Häuser entstanden aus einem Sozialprojekt für Beamte, Offiziere oder deren Witwen und Waisen. Damals wurde dieses Gebiet landwirtschaftlich genutzt und gehörte zur Gemeinde Währing. Die Wohnverhältnisse in der Innenstadt waren vor 150 Jahren sehr schlecht, also kaufte der Verein hier Parzellen, um den Menschen gesundes Wohnen zu ermöglichen." Zunächst baute man einfache Ein- und Zweifamilienhäuser für die Mittelschicht. Erst später, so erklärt Dr. Stöger, ließen Wohlhabende größere und mondänere Häuser hauptsächlich im Döblinger Cottageteil errichten. „Die Bewohnerschicht hat sich im Laufe der Zeit geändert, viele Künstler, Intellektuelle, Professoren und Wirtschaftstreibende ließen sich hier nieder." Das Flair des Viertels blieb auch dank des Vereins erhalten, der bis heute über die Einhaltung der Bauvorschriften wacht, um die Wohnqualität und das Ambiente zu sichern.

Fin de Siècle trifft Biedermeier trifft britisches Landleben.
Das Cottage ist wie eine in sich abgeschlossene Welt
mit einem ganz eigenen Flair, und das mitten in der Großstadt.
Nach dem Rundgang im Wohnviertel war der großartige
Türkenschanzpark der krönende Abschluss.

WIEN SPONTAN

Die Wildnis hinter den Mauern durchstreifen: In unmittelbarer Nachbarschaft zum Cottageviertel verbirgt sich der verwunschene Sternwartepark hinter einer Ziegelmauer. Das knapp 60.000 m^2 große Areal ist vielmehr Wildnis als Park und Heimat von seltenen Pflanzen und Tieren. 2013 wurde das Wiener Naturdenkmal an Werktagen öffentlich zugänglich gemacht. Ein 1,2 Kilometer langer Rundweg und mehrere kleine Pfade führen durch den Stadt-Dschungel. Menschenaufläufe und Infrastruktur wie Sitzgelegenheiten oder Toiletten sucht man vergebens, der Sternwartepark ist im Wesentlichen für kontemplative Spaziergänge geeignet. Im Zentrum des naturbelassenen Areals befindet sich die in den Jahren 1874 bis 1880 errichtete Universitätssternwarte, die vom Institut für Astrophysik der Universität Wien betrieben wird. In dem größten Sternwartegebäude Europas wurde 1990 ein kleines Museum eröffnet, das die Geschichte der Wiener Astronomie dokumentiert. Die Universität veranstaltet mehrmals pro Jahr Führungen durch die Warte. Um Anmeldung wird gebeten.

astro.univie.ac.at

WISSENSWERT

Felix Salten und die Mutzenbacher: Cottage-Bewohner Felix Salten hat das wohl größte Geheimnis der österreichischen Literatur mit ins Grab genommen. Die erotischen Memoiren „Josefine Mutzenbacher. Die Lebensgeschichte einer wienerischen Dirne, von ihr selbst erzählt" wurden von einem anonymen Autor erstmals 1906 veröffentlicht und galten damals als skandalös. Die vermutlich fiktive Ich-Erzählerin soll von 1852 bis 1904 gelebt haben. Das Werk wurde von vielen Zeitzeugen, darunter Arthur Schnitzler, Karl Kraus und Friedrich Torberg, dem Schriftsteller Felix Salten zugeschrieben, obwohl er sich nie dazu bekannte. Seine Erben stritten vor Gericht, um seine Urheberschaft zu beweisen und verloren in allen Instanzen. Somit ist bis heute nicht belegt, dass der Bambi-Schöpfer die Mutzenbacher verfasst hat. Das Gegenteil wurde jedoch auch nie bewiesen.

WEITERE TIPPS

FIAKERUNTERNEHMEN
JOHANN PAUL

ERLEBEN
ENTDECKEN

Die Geheimnisse der Fiaker ergründen

Schön- und Schlechtwetter / Kinder / Dauer: 90 Minuten / ab 9 Uhr / U3 Enkplatz / 11. Bezirk, Rappachgasse 34a / Fiakerunternehmen Johann Paul

Unvermutet inmitten einer Simmeringer Gstätten, versteckt zwischen Industriebetrieben, füttern Fiakerfahrer und Stallburschen sieben Tage die Woche ihre Wallache und Stuten, spannen sie vor die Kutschen, misten Boxen aus, kontrollieren Hufe. Vor 200 Jahren zogen hier Rösser Transportwägen für die Fabriken, heute traben sie an den Vormittagen Richtung Innenstadt, um dort auf Touristinnen und Touristen zu warten. Das Fiakerunternehmen Paul ist mit 85 Pferden, mehrheitlich Lipizzaner aus Ungarn, mehreren Stallungen und einem Pferdehof das größte seiner Zunft in Wien. Jeden Tag um 9 Uhr öffnet der Betrieb seit ein paar Jahren die Tore für Besucherinnen und Besucher und gewährt ihnen Einblicke in die Routine der Lohnkutscher und ihrer Schützlinge.

Fiakerfahrer Marco Pollandt lehnt an einer Stalltür und schäkert mit Wallach Jimmy, der ihn zärtlich von hinten durch eine Luke anstupst. „Unsere Pferde dürfen vier Tage pro Woche arbeiten, fünf bis sieben Wochen pro Jahr urlauben sie auf unserem Hof in Göttlesbrunn-Arbesthal. Dort verbringen sie auch ihre Pension“, erzählt er. Auf Jimmys Boxentür ist mit Kreide der Buchstabe „R“ aufgemalt. Das bedeutet, dass der Lipizzaner rechts des Zweiergespanns angeschirrt wird. „Pferde sind Gewohnheitstiere. Einmal pro Quartal wechseln wir die Seiten, sonst entsteht ein anatomisches Ungleichgewicht.“ Ein Kutscher sei meist mit denselben Rössern unterwegs, um Vertrauen und eine Bindung aufzubauen. „Ein Pferd braucht Aufmerksamkeit und Zuneigung“, betont Marco.

Oben: Mit den edlen Landauer Kutschen verreisten einst die Wohlhabenden.
Unten: Fiakerfahrer Marco Pollandt schäkert mit Wallach Jimmy.

UNTERWEGS

MIT PLAN

HINTER DIE KULISSEN DER FIAKER SCHAUEN

Die Besichtigung der Stallungen und die inkludierte Fahrt in das Stadtzentrum wird als Package angeboten. Beginn ist täglich um 9 Uhr, ein Frühstück im Café Falco's am Schwarzenbergplatz kann ebenfalls dazugebucht werden. Um Voranmeldung mindestens 24 Stunden vor der Führung wird gebeten.

www.fiakerzentrale.at

~

DREI-GÄNGE-MENÜ IN DER KUTSCHE GENIESSEN

Weltweit einzigartig ist das Riding Dinner, eine Sightseeingtour samt dreigängigem Menü. Während der Fiakerfahrt in der Innenstadt serviert ein Butler bei festgelegten Stopps Getränke und klassische Wiener Speisen. Vor der Fahrt befestigt das Team einen Tisch mit Glashalterung im Wagen, auf dem die Gäste bequem dinieren. Bei Schlechtwetter oder Kälte kommen winterfeste Fiaker mit verglasten Panoramafenstern zum Einsatz.

www.ridingdinner.com

DIE HIRNFREQUENZ VON PFERDEN

PFERDEHALTUNG ist strengen Richtlinien unterworfen. „Jedes Tier muss eine eigene Box mit einer Mindestgröße sowie freien Heu- und Wasserzugang haben." Marco zieht ein Heft aus seiner Tasche und schlägt es auf. „Hier notieren wir ihre Fahrten und Pausen. Der Gesetzgeber kontrolliert das regelmäßig, und das ist gut so." Fiakerbetriebe stehen im Kreuzfeuer der Kritik, dem wolle man mit Transparenz und Aufklärung entgegenwirken. „Heutzutage haben nur noch wenige Menschen regelmäßigen Kontakt zu Pferden und wissen wenig über sie. Manche möchten, dass man die Tiere einfach auf einer Wiese herumstehen lässt. Doch das wäre nicht gut für sie, sie müssen geistig gefordert werden und brauchen Bewegung, damit ihre Muskeln nicht verkümmern." Auch für die Zweibeiner gibt es Richtlinien. Eine Vorschrift besagt, dass ein Fiakerfahrer während des Dienstes eine elegante Kopfbedeckung zu tragen hat. Typisch ist eine Melone, ein Zylinder oder ein Strohhut sind ebenso akzeptabel. Bei Nichteinhaltung droht eine Geldstrafe in der Höhe von bis zu 300 Euro.

Wir folgen dem jungen Kutscher zu den gegenüberliegenden Stallungen. „Pferde haben sehr unterschiedliche **CHARAKTERE** und so wie wir Menschen auch mal einen schlechten Tag. Sie spüren auch, wenn wir ängstlich oder nervös sind", sagt er und sperrt die Tür zu einer Box auf. Wallach Mandula hat einen guten Tag, er legt den Kopf auf Marcos Schulter und beschnuppert ihn. Es sei für Laien schwierig, ihren Gemütszustand zu lesen. „Sie wedeln nicht mit dem Schwanz wie ein Hund und haben keine Mimik", erläutert der Fiakerfahrer. „Sie kommunizieren über die bioenergetische Ebene, also über eine andere Hirnfrequenz als der Mensch. Ein Pferd lebt im Hier und Jetzt und denkt deshalb nicht an die Probleme von morgen."

DER ROLLS-ROYCE UNTER DEN KUTSCHEN

Im Hof der Stallungen verströmen edle Kutschen die Patina der Habsburgermonarchie. **LANDAUER** dienten im 18. und 19. Jahrhundert bei längeren Überlandfahrten als kostspielige Reisewagen für Wohlhabende. Oder wie Marco es ausdrückt: „Der Landauer ist der Rolls-Royce unter den Kutschen." Die Wägen sind weich gefedert, mit bequemen Sitzpolstern ausgestattet und verfügen über ein klappbares Verdeck. Damit sind sie sowohl für Schön- als auch für Schlechtwetter geeignet.

Während uns Marco durch die Ställe führte, hat sein Kollege Christian zwei Pferde vor ein weißes Fuhrwerk gespannt. Wir steigen ein, die beiden Fiaker schwingen sich auf den Kutschbock und los geht es in leichtem Trab über die Simmeringer Hauptstraße und den Rennweg Richtung Innenstadt. Als wir nach knapp einer Stunde Fahrzeit in den Heldenplatz einbiegen, wechselt das Gespann auf den Pflastersteinen in den Schritt. Am **MICHAELERPLATZ** ist Endstation. Hier werden die Fiaker auf Passantinnen warten, die eine Runde mit ihnen drehen möchten. In angemessener Bekleidung und mit Melone, wie es die Tradition verlangt.

Für Erwachsene ist der Blick hinter die Kulissen der Wiener Originale lehrreich, denn es wird auch mit Vorurteilen aufgeräumt. Kinder lieben ohnehin alle Aktivitäten mit Tieren und Spritztouren in für sie ungewöhnlichen Gefährten. Ab dem Rennweg mausert sich das Panorama stetig und das Package ist eine tolle Möglichkeit, für wenig Geld mit der Familie eine einstündige Fiakerfahrt zu buchen.

WEITERE TIPPS

FIAKERFAHREN SPONTAN

Eine Runde im Schlosspark drehen: Wer den Schlosspark von Schönbrunn mit dem Fiaker erkunden möchte, braucht nur einsteigen, und los geht's. Die Kutsche steht direkt am Eingang Herrenhof und wartet auf kurzentschlossene Gäste. Die Spritztour dauert 30 Minuten und führt vom Haupttrakt des Schlosses bis zum Tiergarten und retour. Vorbeikutschiert wird an der Wagenburg, dem Palmen- und dem Wüstenhaus, dem Frühstückspavillon des Kaisers, dem Neptunbrunnen, den Römischen Ruinen, den Obelisken und der Orangerie.

www.fiaker-paul.at/schoenbrunn

AKTIVITÄTEN NACH DER FIAKERFAHRT

Fiakergulasch schnabulieren und Einspänner schlürfen: Beim Fiakergulasch handelt es sich um ein Rindsgulasch, das mit Frankfurtern, Spiegelei und Essiggurkerl verfeinert wird. Es ist die perfekte, weil deftige Mahlzeit für eine hart arbeitende Spezies oder hungrige Ausflügler. Ein ausgesprochen schmackhaftes Fiakergulasch wird laut Auskunft unserer Kutscher im Café Bräunerhof serviert. Das Lokal ist in wenigen Gehminuten von den beiden Fiakerstationen Michaelerplatz und Stephansplatz erreichbar. Obwohl das Café im 1. Bezirk liegt und berühmte Stammgäste wie Thomas Bernhard bewirtete, wird es hauptsächlich von Einheimischen frequentiert. Auf der Speisekarte steht klassische Wiener Küche, die von Obern der alten Schule („Gnä' Frau wünschen?") kredenzt wird. Wer auch beim Nachtisch auf den Spuren der Fiaker wandeln möchte, bestellt einen Einspänner, benannt nach einer einspännigen Lohnkutsche. Die starke, schwarze Kaffeevariation wird in einem Glas serviert und mit Schlagobers gekrönt. Durch die Obershaube bleibt das Getränk länger warm und wurde daher traditionell gerne von Fiakerfahrern auf ihrem Kutschbock getrunken.

Café Bräunerhof,
Stallburggasse 2, 1010 Wien

Oben: In den wärmeren Monaten fährt ein Bummelzug auf den Kahlenberg.
Unten: Am Wegesrand liegen Weingärten, gute Aussichtspunkte und Heurige.

VIENNA HEURIGEN EXPRESS

Mit der „Tschu Tschu Bahn" auf den Kahlenberg zuckeln

Schönwetter / Paare, Familien / Dauer: ab 4 Stunden / U4 Heiligenstadt oder Linie D Nußdorf, Beethovengang / 19. Bezirk / Vienna Heurigen Express

Der Kahlenberg war bereits während der Monarchie ein populäres Ziel für eine Landpartie. Zwischen 1874 und 1921 brachte eine dampflokgetriebene Zahnradbahn, die Kahlenbergbahn, die Fahrgäste von Nussdorf innerhalb von 30 Minuten auf den Wiener Hausberg. Das heutige Pendant ist der **VIENNA HEURIGEN EXPRESS**, der an schmucken Döblinger Villen, Weinreben und ausladenden Landschaften den Kahlenberg hinaufzuckelt. Von Heiligenstadt fährt der **BUMMELZUG** (lassen Sie sich vom „Express" im Namen nicht täuschen) nach Nussdorf, über den Nussberg auf den Kahlenberg und retour über den Heurigenort Grinzing zum Ausgangspunkt. Die G'spritzte-Tour funktioniert nach dem Hop-on-hop-off-Prinzip: Zum Promenieren oder Einkehren kann man aus- und bei der nächsten Runde wieder einsteigen. Das Intervall der „Tschu Tschu Bahn" beträgt ungefähr 1,5 Stunden.

HOP-OFF-ANREIZE AUF DER ROUTE

Zwischendurch auszusteigen lohnt sich: Am Wegesrand liegen einige attraktive Einkehrmöglichkeiten. Wir löschen den Durst gerne in der **BUSCHENSCHANK WANDERER**. Die Heurigenbänke sind zwischen den Weinreben platziert, urig-romantischer geht es nicht. Die Lokalität liegt am Fuße des Nussbergs nahe dem Heiligenstädter Friedhof. Ein weiterer unserer Buschenschank-Favoriten ist der **MAYER AM NUSSBERG**, vor allem, wenn wir einen der begehrten Liegestühle mit Aussicht über Wien ergattern. Auf der Etappe zwischen den beiden Lokalen stoßen wir auf einen außergewöhnlichen Weingarten. Manche Rebstöcke wurden

UNTERWEGS
MIT PLAN

DER VIENNA HEURIGEN EXPRESS

Der Heurigen Express ist von April bis Oktober jeden Freitag, Samstag, Sonn- und Feiertag auf dem Kahlenberg unterwegs. Neben dem Hop On-Hop Off-Ticket für die Rundfahrt kann man ebenso nur eine Teilstrecke fahren. Ein zweiter Heurigen Express dreht seine Runden durch die Kellergassen und alten Ortszentren von Strebersdorf und Stammersdorf. Tickets verkauft der Fahrer. Die Öffi-Alternative ist die nicht ganz so reizvolle Fahrt mit der Buslinie 38A.

www.liliputbahn.com/vhe.htm

mit Tafeln versehen, auf denen berühmte Persönlichkeiten verewigt sind: „Sophia Loren. I love Grinzing." „Alain Delon. Merci, mon Grinzing." „Billy (sic) Clinton. Der Schlimme." Auch zwei Päpste und Prinz Charles sind in der **REBEN-HALL OF FAME** vertreten. Der Weingarten wird vom Club der Grinzinger (CDG) mit dem Ziel betreut, den Ort in seiner Ursprünglichkeit zu erhalten. Auch Nicht-Promis dürfen hier einen Rebstock inklusive Bewirtschaftung auf Lebenszeit samt zwei Viertel Eigenbauwein pro Jahr erwerben. Ein Stückchen weiter, linker Hand, entdecken wir mitten im Wald ein kurioses Grundstück, das unbewohnt wirkt. Eine Holzhütte und ein Baumhaus wittern zwischen Buddha-Figuren und nepalesischen Fahnen vor sich hin.

Knapp einen Kilometer nach dem Mayer am Nussberg liegt rechts des Weges ein verborgenes Kleinod, das man vom Bummelzug aus nicht einsehen kann. Ein paar Stufen führen hinauf zum **KAHLENBERGER FRIEDHOF**, auf dem Prominente aus der Biedermeierzeit ihre letzte Ruhestätte fanden. Eine davon ist **KAROLINE TRAUNWIESER**, die zur Zeit des Wiener Kongresses (1814–1815) als das schönste Mädel der Stadt galt und im Alter von nur 21 Jahren starb. Die kleine Begräbnisstätte wurde für das Josefsdorf, eine ehemals eigenständige Gemeinde auf dem Kahlenberg, angelegt und 1783 eingeweiht. Auf einem Grabstein entdecken wir eine Art Biedermeier-Werbeslogan: „Hast du Wien vom Kahlenberg gesehen, wirst du mein Ruhen hier verstehen." Dieser Friedhof ist wohl auch für die Lebenden einer der beschaulichsten Orte Wiens. Die barocke **ST. JOSEFSKIRCHE**, eine beliebte Wallfahrtskirche, schmückt den Kahlenberg knapp unterhalb des Gipfels. Die eigentliche Attraktion ist die Panoramaterrasse, von der der Blick bei klarer Sicht bis zum Leithagebirge reicht.

Bei der Rückfahrt ändert der Bummelzug auf der letzten Teilstrecke seine Route und biegt bei der Wildgrubgasse Richtung **GRINZING** ab. Einst ein ursprüngliches Weinbauerndorf samt lauschigen Heurigen, gilt das berühmte Stadtviertel heute als Touristenhochburg. Im Anschluss passiert der Zug die **PROBUSGASSE.** Im Haus Nummer 6 hat Ludwig van Beethoven an einigen seiner wichtigsten Werke gearbeitet. Die Gedenkstätte wurde mittlerweile zu einem großen **BEETHOVEN-MUSEUM** erweitert.

Die Tour lässt sich ebenso zu Fuß erwandern, aber das Bummeln mit dem Zug durch die Weinberge hat einen eigenen Reiz.

WEITERE T TIPPS

WIEN SPONTAN

Das Wunder von Grinzing beobachten: Gegen 17 Uhr (Sommerzeit) und bei klarem Himmel erscheint eine gleißende Figur an der Stirnseite des Stephansdoms. Sie ist von einem guten Standort aus sichtbar, etwa von den Weinbergen Untersieverings, Heiligenstadts und Nussdorfs. Ein Feldstecher oder ein Teleobjektiv ist empfehlenswert. Es handelt sich um eine Lichtreflexion, die durch die glasierten Dachziegel des Doms und die Anordnung der beiden Türme zustande kommt. Die „Gestalt" wurde bereits 1922 in der „Döblinger Heimatkunde" erwähnt. Die damals uhrenlosen Winzer bezeichneten sie als Jausenfee, weil sie bei ihrem Erscheinen wussten, dass es um 16 Uhr (es gab noch keine Sommerzeit) Zeit für eine Jause war.

~

Einen Abstecher ins Kahlenbergerdörfl machen: Als mögliche Abzweigung auf dem Rückweg vom Kahlenberg bietet sich die steile Eisernenhandgasse an, die an Heurigen vorbei hinab ins Kahlenbergerdörfl führt. Der ländliche Stadtteil am rechten Donauufer war bis 1891 eine eigenständige Gemeinde, mittelalterliche Wohnhäuser und Buschenschenken säumen seine Gassen. Der Friedhof des Kahlenbergerdörfls liegt hinter dem Ort auf einem steilen Hügel und ködert Wanderinnen mit einem einzigartigen Blick auf die Donau. Zwei Prominente, die Schauspielerin Marisa Mell (1939–1992) und der Nachtklubkönig Heinz Werner Schimanko (1944–2005), sind hier begraben.

www.kahlenbergerdorf.at

~

Dank der Kronprinzessin in die Ferne schauen: Neben der ehemaligen Zahnradbahn-Endstation, umgeben von einem Wäldchen, ragt die Stephaniewarte mit 22 Metern Höhe in den Himmel. Benannt wurde das wehrturmhafte Gebäude nach seiner Stifterin, der Gemahlin von Kronprinz Rudolf. 125 Stufen führen auf die Aussichtsplattform des Turms, der von Mai bis Oktober an den Wochenenden geöffnet hat.

wien.naturfreunde.at

~

Zur Zahnradbahn einkehren: Die Zahnradbahn auf den Kahlenberg wurde 1874 erbaut und 1922 endgültig eingestellt. Der Fuhrpark wurde verschrottet und die Gleisanlagen abgebaut, nur das Stationsgebäude in Nussdorf blieb erhalten. Hier befindet sich heute die „Einkehr zur Zahnradbahn", ein uriges Wirtshaus mit guter traditioneller Wiener Küche und großem Gastgarten. Im Inneren des Lokals gibt es historische Zahnradbahn-Fotos zu besichtigen.

einkehrzurzahnradbahn.simplesite.com

Oben: Die beheizbaren Weltkugeln machen auch Schlechtwettertouren möglich.
Unten: Eine echte Palme sorgt auf dem Boot für Südseeflair.

MEINE-INSEL-
BOOTSVERMIETUNG

ERLEBEN ENTDECKEN

Das eigene Eiland über die Alte Donau steuern

Schön- und Schlechtwetter / Paare, Freunde, Kinder / Dauer: ab 60 Minuten / 10–23 Uhr / U1 Kaisermühlen / 22. Bezirk, Laberlweg 19 / Meine-Insel-Bootsvermietung

Fast lautlos gleiten wir über die Alte Donau, knotzen auf einem Sofa und genießen die betuliche Sommerfrische. Das Nonplusultra ist eine **ECHTE PALME** an Bord, die inmitten von Transdanubien ein bisschen Karibik-Flair aufkommen lässt. „Sie kennen sicher diese Cartoons, bei denen der Schiffbrüchige auf einem Sandhaufen mit einer Palme sitzt. So eine Insel wollte ich mir bauen, damit ich für Urlaubsfeeling nicht mehr zehn Stunden im Flieger sitzen muss“, erzählt Martin Mai, Erfinder und Betreiber der unkonventionellsten Bootsvermietung Wiens. „2013 konstruierte ich meine eigene Insel, ein Boot mit Sofa und Palme, das man ganz einfach mit einem **JOYSTICK** steuern kann. Anfangs schipperte ich nur mit Familie und Freunden auf der Alten Donau herum.“ In der Zwischenzeit ist seine Flotte beträchtlich angewachsen. Auf den Sofa- und Meine-Insel-Booten chillt Jung und Alt auf dem Wasser.

MONTE CARLO DER ALTEN DONAU

Die Ab- und Anlegestelle befindet sich beim Restaurant Schinakl an der Unteren Alten Donau. Je nach Typ sind die Wasserfahrzeuge mit bequemen **LIEGE- UND/ODER SITZGELEGENHEITEN** sowie **TISCHEN** ausgestattet, auf den etwas größeren Booten sorgen echte Palmen für Südseeflair. Wer sich rundum verwöhnen lassen und keine eigene Verpflegung mitschleppen will, kann **SPEISEN UND GETRÄNKE FÜR DEN BOOTSTRIP MITBUCHEN.** Von Cocktails bis zum Schnitzel ist alles möglich, der Freizeitbetrieb wird von der Wiener Spitzengastronomie

UNTERWEGS

MIT PLAN

MIT EINER PALME AN BORD ÜBER DAS WASSER GLEITEN

Sämtliche Meine-Insel-Boote sind aus Recycling- und Naturmaterialien gefertigt, elektrobetrieben und mittels Joysticks kinderleicht zu steuern. Die zur Auswahl stehenden Sofa-Boote (bis zu vier Personen) und Meine-Insel-Boote (rollstuhltauglich, Palmen und Platz für bis zu acht Personen) sind die Klassiker. Auf individuelle Wünsche wird genauso eingegangen wie auf besondere Anlässe. Die Wasserfahrzeuge werden auch im Winter verliehen, in Vollmondnächten bis 24 Uhr. Reservierungen sind vor allem in den Sommermonaten empfehlenswert. Die Floating Concerts sind sehr beliebt, Karten rasch buchen!

www.meine-insel.at

Die Fahrt mit dem Meine-Insel-Boot erlebten wir wie einen Kurzurlaub mitten in der Großstadt.

beliefert. Die **PICKNICKKÖRBE** werden auf Wunsch vom Plachutta, dem Schweizerhaus oder dem Schwarzen Kameel befüllt. Martin Mai steht auf dem Steg und überblickt zufrieden sein kleines Freizeitparadies. „Meine Gäste sagen, das ist das Monte Carlo der Alten Donau.“

WELTKUGELN, EINHÖRNER UND AQUA-FAHRRÄDER

Rund 70 Wassergefährte hat er schon gebaut, eines davon ist die **WELTKUGEL**. Den Booten wurde eine kugelförmige, durchsichtige Schutzhülle aus Kunststoff übergestülpt, auf der die Kontinente maßstabgetreu abgebildet sind. Jules Verne hätte wohl seine Freude daran gehabt, anstatt zum Mittelpunkt der Erde zu reisen. Den inneren Erdkern symbolisiert ein **INTEGRIERTER BACKOFEN**, in dem Maroni gebraten oder Kekse gebacken werden können. Die übergroßen Globen können bei Bedarf **BEHEIZT** werden, womit auch im Winter oder bei Regen einer kuscheligen Fahrt nichts im Wege steht. Die **SPEED NEEDLE 22**, „Hubschrauber“ genannt, ist Martin Mais schnellstes Boot und dient als Service- und Einsatzfahrzeug sowie als buchbares Shuttleboot. „Selbst lenken ist für die Gäste nicht möglich, aber wir holen sie nahe der U-Bahnstation mit einem Begrüßungscocktail ab und bringen sie entweder zu ihrem Inselboot oder zu einem Restaurant.“ Der Geheimtipp für Verträumte: Mit **EINHÖRNERN** auf der alten Donau schippern. „Im Winter schraube ich die Hörner ab, befestige zwei Geweihe und nenne sie Rudolf und Rudolfine“, sagt Mai und lacht. Zur Auswahl steht noch das **PAPERBOAT**, das einem klassischen Papierschifferl nachempfunden ist, und das **E-WATERBIKE**, mit dem Erholungssuchende elektrisch unterstützt über das Wasser strampeln. Mai veranstaltet auch außergewöhnliche Events, die legendären **FLOATING CONCERTS.** Eine Oktogon-Plattform, an die Insel- und Sofa-Boote andocken, macht die schwimmenden Konzerte möglich.

Martin Mai sprudelt vor Ideen. In den nächsten Jahren ist mit einigen weiteren Neo-Freizeitaktivitäten auf der Alten Donau zu rechnen.

WEITERE TIPPS

WIEN MIT PLAN

Im Rhythmus bleiben auf dem Drachenboot: In China ist Drachenbootfahren ein Massensport, bei uns ein Geheimtipp. Der Drachenbootsportklub Vienna Dragons trainiert mehrmals pro Woche (auch im Winter) und lässt Interessierte gerne in den Sport hineinschnuppern. Auf dem schmalen Drachenboot sitzen zwanzig Paddlerinnen und Paddler in Zweierreihen, ein Drachenkopf schmückt den Bug, ein Drachenschwanz das Heck. Am Bug schlägt eine Trommlerin den Takt, am Heck steht der Steuermann, hält Kurs und gibt Kommandos. Entscheidend beim Drachenbootfahren ist der gleiche Rhythmus, um das Boot gleichmäßig übers Wasser gleiten zu lassen.

www.dragonboat-vienna.at

Im Stehen paddeln: Der neue Trendsport Stand-Up-Paddling (SUP) fehlt auch auf der Alten Donau nicht. Nach einem ersten, meist wackeligen Aufstieg drückt man aufrecht stehend ein Stechpaddel abwechselnd links und rechts ins Wasser. Bei dieser Sportart werden vor allem Gleichgewichtssinn und Kondition trainiert. Für Verliebte empfiehlt sich das Tandem-Board, für Familien oder Gruppen bis sechs Personen das XXL-Board. Das Stand Up Paddling & Kayak Center im Gänsehäufelbad oder am Vienna City Beach verleiht SUP-Boards und Kajaks.

supcenter-wien.at

~

Yoga auf dem SUP-Board praktizieren: Seit einiger Zeit werden auf der Alten Donau auch SUP-Yoga-Trainingseinheiten angeboten. Das Prinzip ist rasch erklärt: Man tausche Yogamatte gegen SUP-Board und praktiziere den Sonnengruß direkt auf dem Wasser. Laut Anbieter braucht man für SUP-Yoga weder besonders sportlich noch gelenkig zu sein. Die Botschaft hören wir wohl ... und wollen sie auch glauben. Denn, die geneigte Leserin möge uns verzeihen, diese Freizeitbeschäftigung haben wir nicht getestet.

supyoga.at

Oben: Nostalgiker lieben den Trödelladen „Ramsch & Rosen" in der Neubaugasse.
Unten: Bambus, Rattan und Co. türmen sich im Dieroff Naturwaren-Laden.

EINZIGARTIGE SHOPS
UND LOKALE IN NEUBAU

ERLEBEN ENTDECKEN

Durch das Grätzl der Kreativen bummeln

Schönwetter / Paare / Dauer: je nach Lust und Laune /
U3 Volkstheater oder Neubaugasse / 7. Bezirk / Neubau

Alteingesessene Familienbetriebe liegen neben Shops von modernen Designerinnen, Studentenbeiseln in der Nachbarschaft gehobener Restaurants, Gassen mit urbanem Flair münden in Plätze mit dörflichem Charakter. Der drittkleinste Bezirk Wiens, Neubau, ist ein Mikrokosmos aus pastellfarbenen Biedermeierhäuschen, hippen Läden und zahlreicher Spezialisten, also Geschäften mit nischigen und ausgefallenen Angeboten, wie man ihn so konzentriert kaum wo findet. Ein perfektes Grätzl also für einen ausgedehnten Stadtspaziergang.

Viele dieser Spezialistinnen drängen sich dicht an dicht in der **WESTBAHNSTRASSE**. Wir können in einer Schauwerkstatt einem Glasbläser bei der Erzeugung seiner Unikate zusehen (**GLASHÜTTE COMPLOJ**, Nr. 18), in einem Laden mit der charmanten Einrichtung von 1888 aus einer riesigen Auswahl von Bambus-, Peddig-, Stuhlflechtrohr und Rattan wählen (**DIEROFF NATURWAREN**, Nr. 46), skandinavisches Vintagedesign der 1950er- und 1960er-Jahre erstehen (**DESIGNQVIST**, Nr. 21), französische Delikatessen schlemmen (**UN JOUR EN FRANCE**, Nr. 9); in bunten Fairtrade-Hängematten aus Guatemala probeliegen (**GUATE STOFFE**, Nr. 37), in der **MANUFAKTUR WAUWAU** qualitätsvolle in Österreich produzierte Pfeffer-, Chili-, Kaffee- und Muskatmühlen erwerben (Nr. 7) oder im **ZWEITKLEID7** hochwertige Secondhand-Markenkleidung anprobieren (Hermanngasse 13, Ecke Westbahnstraße). Und das ist nur eine kleine Auswahl der Läden einer einzigen Straße im 7. Bezirk.

Auch in der angrenzenden **NEUBAUGASSE**, dem Herzstück des Siebten, finden sich auf Schritt und Tritt originelle (Geschäfts)-Lokale. Rund 300 Betriebe vertreiben in

UNTERWEGS

MIT PLAN

GRÄTZELSPAZIERGANG IN NEUBAU

Der Blog „im7ten" berichtet umfassend und detailliert über Wien-Neubau, über Grätzel-News, Events, Projekte, Geschäfte und Lokale. Die Webseite „Neubaugasse – Die Straße der Spezialist:innen" präsentiert Wissenswertes rund um die Neubaugasse.

www.im7ten.com, www.neubaugasse.at

der 1,7 km langen Straße ihre Waren. Um nur ein paar zu erwähnen: Der wunderbare Trödelladen **RAMSCH & ROSEN** auf Nr. 59 ist ebenso ein Anziehungspunkt für Nostalgiker wie der Süßwarenladen **BONBONS** auf Nr. 18, in dem die wechselnden Betreiberinnen seit nunmehr 1939 Seidenzuckerln und Krachmandeln auf einer mechanischen Waage abwiegen. Trendig und nachhaltig dagegen ist der **FREITAG STORE WIEN** auf Nr. 26, in dem kultige Taschen aus alten Lkw-Planen vertrieben werden. An gleich zwei Standorten (Lindengasse 53, Schottenfeldgasse 48A) verwöhnt die Olivenöl- und Zitrusraritäten-Hochburg **CASA CARIA** anspruchsvolle Gaumen. Ein österreichisch-italienisches Ehepaar vertreibt an beiden Adressen eine tolle Auswahl an hochwertigen italienischen Lebensmitteln und hat zudem in der Lindengasse eine Olivenöl-Teststation und ein kleines Restaurant eingerichtet.

IN NEUBAU AUF LEPSCHI GEHEN

Der kopfsteingepflasterte **SANKT-ULRICHS-PLATZ** hat sich zu einem beliebten Gastro-Biotop entwickelt. In den Sommermonaten sollten Gäste reservieren oder relativ früh mit dem ersten Spritzer starten, um einen freien Tisch in einem der Schanigärten zu ergattern. Die nostalgische Atmosphäre des Platzerls zieht häufig **FILMSCHAFFENDE** an, so wurden Szenen der Krimireihe „Vienna Blood" oder David Schalkos Fernsehserie „M – eine Stadt sucht einen Mörder" an diesem Ort gedreht. Eine altbekannte Ausgehmeile ist die **ZOLLERGASSE**, in der seit Kurzem vieles neu ist. Ein Abschnitt der Gasse wurde im Juli 2021 verkehrsberuhigt und begrünt wiederöffnet. Schattenspendende Bäume und ein aus Wasserdüsen gespeistes Bächlein, der **„ZOLLERBACH"**, kühlen den Bereich in unmittelbarer Nähe zur Mariahilfer Straße. Dieses Teilstück ist eine frisch gebackene Fußgängerzone, die mit konsumfreien Sitzgelegenheiten aufgewertet wurde, und außerdem einer unserer Lieblingsplätze in Sachen Kulinarik und Chillen. Wir lassen hier gerne einen Einkaufsbummel lukullisch ausklingen und verspeisen köstliches taiwanesisches Streetfood von der **BAO BAR** oder eine der delikaten Sauerteigpizzen mit kreativen Belagskombinationen von **BROS PIZZA** (beide Nr. 2). Danach wechseln wir in die gegenüberliegende American Bar **AGENT OSCAR** (Nr. 5), in der mit Frank Hassfurther einer der erfahrensten Barkeeper Wiens den Cocktailshaker schwingt. Nichts ist schöner, als sich in dem coolen Lokal auf einem roten Ledersofa eine Auszeit mit einem White Russian zu gönnen. Oder mit zwei.

Dieser Teil Wiens ist ein kunterbuntes Grätzel voller Lebensfreude, in dem ständig Neues entsteht und Altes liebevoll bewahrt wird.

WEITERE TIPPS

WIEN MIT PLAN

Kegeln wie Oma und Opa: Das Gasthaus „Zur Stadt Krems" in der Zieglergasse lockt mit klassischer Wiener Küche und der ältesten noch aktiven Kegelbahn Wiens, die 1926 in Betrieb genommen wurde. Der Kegelabend wird hier zum musealen Erlebnis, an den Wänden dokumentieren vergilbte Plakate Aufzeichnungen von Kegelrunden, die bis 1947 zurückreichen. Teams wie „Elektrorunde" oder die „Friedlichen" traten anno dazumal gegeneinander an. Heute ist der Boden der Bahn asphaltiert und die Kegel werden elektronisch aufgerichtet. Um die nostalgische Bahn herrscht ein Griss. Wer alle neune im Zur Stadt Krems abräumen will, sollte rechtzeitig reservieren.

www.zurstadtkrems.com

~

Film schauen mit Hund und Patina: Das Admiralkino in der Burggasse 119 besteht seit 1903 und ist ein kulturelles Kleinod des 7. Bezirks. Das Einsaalkino spielt täglich drei verschiedene Filme und bietet im Anschluss an die Vorstellung häufig Gespräche mit Regisseurinnen und Regisseuren. Als die Betreiberin Michaela Englert das Lichtspieltheater 2007 übernahm, führte sie eine Besonderheit ein. Jeden ersten Donnerstag im Monat gibt es im Admiral eine spezielle Vorstellung für Hundebesitzer, „Kino mit Hund". An diesem Abend dürfen die Vierbeiner ihr Frauchen und Herrchen zum Filmschauen begleiten, für die Tiere werden Wasser, Decken und Leckerlis bereitgestellt. 2014 ließ Englert die Räumlichkeiten des Lichtspieltheaters umgestalten, achtete aber auf den Fortbestand des Retrocharmes.

admiralkino.at

WIEN SPONTAN

Das Parlament aus der Vogelperspektive betrachten: Auf dem Dachboden des 25hours Hotels Wien in der Lerchenfelderstraße 1–3 befindet sich eine der hippsten Aussichtsterrassen der Innenstadt. Ein Außenaufzug fährt bis in den 8. Stock zu einer coolen Rooftop-Bar mit Lounge und dem fantasievollen Designmotto „Zirkus". Jene, die die Kombination aus Weitsicht und kühlen Cocktails lieben, werden von der Terrasse der Bar begeistert sein. Von hier aus hat man einen grandiosen Blick auf das Rathaus, das Parlament und die großen Museen. Eine Tischreservierung ist in dem beliebten Afterwork-Treffpunkt nicht möglich.

www.dachbodenwien.at

Oben: Aussichtsreiche Fahrt auf dem Dach einer Riesenradgondel.
Unten: Als Mahlzeit landen wir auf dem Teller eines gefräßigen Riesen.

3D PICART MUSEUM

Familientipp

Sich in ein Fantasiewesen oder eine Abenteurerin verwandeln

Schön- und Schlechtwetter / Erwachsene, Kinder /
Dauer: ca. 90 Minuten / Täglich 10–19 Uhr /
U1, U2, U4 Karlsplatz / 1. Bezirk, Bösendorferstraße 2–4 /
3D PicArt Museum

Ein Abenteuer jagt das nächste. Unmittelbar vor dem Einsturz einer Hängebrücke greifen wir nach dem rettenden Seil aus dem Heißluftballon. Gerade noch rechtzeitig retten wir einen Spaziergänger, der versehentlich im Hinterteil einer Kuh stecken geblieben ist. Minuten später baumeln wir über dem aufgerissenen Maul eines Alligators. Ein Säbelzahntiger bedroht uns, wir reiten auf einem Einhorn. Welch ein ereignisreicher Tag! Zumindest, wenn man den Speicherkarten unserer Kameras und Smartphones Vertrauen schenkt.

Das **3D PICART MUSEUM** ist ein **ORT DER LEBENSFREUDE**, eine kleine Welt inmitten der Großstadt, die aus Slapstick, Spaß und Kreativität besteht. Die Besucher agieren abwechselnd als Model, Fotografin oder Schauspieler. Der fantasievolle Hintergrund der Aufnahmen lässt uns in unterschiedliche Rollen schlüpfen, macht uns zu Abenteurerinnen und Fantasiewesen. Die optische Täuschung entsteht erst durch den richtigen Betrachtungswinkel. **40 ABWECHSLUNGSREICHE MOTIVE** wurden auf zwei Etagen in rund zehn Räumen untergebracht. Wir verwandeln uns in eine Meerjungfrau, einen Astronauten oder eine Mahlzeit auf dem Teller eines Riesen. Ein Teil unserer Vierergruppe posiert, die anderen stehen mit der Kamera auf den markierten Fotopoints und geben Anweisungen: „Stell dich mehr nach rechts, dreh dich zu mir, schneide eine Grimasse. Schrei, als ob du Todesangst hättest!"

Die Idee stammt ursprünglich aus Asien, doch im Gegensatz zu den Herkunftsländern sind die Motive in Wien nicht gemalt,

UNTERWEGS

MIT PLAN

3D PICART MUSEUM SPONTAN

Die bunte Fotowelt ist täglich geöffnet, eine Reservierung ist nicht erforderlich. Zu Beginn erhält man eine kurze Einweisung (nicht blitzen, Fotopoints beachten, das Museum nur mit Socken betreten). Falls Besucherinnen ein Gruppenfoto wünschen, helfen die Mitarbeiterinnen gerne als Fotografen aus.

www.3dpicart-museum.at

sondern foliert. Sie können ausgetauscht werden, damit bleibt die Gestaltung des Museums flexibel. Alle Bilder sind Eigenkreationen und „made in Vienna“, ein paar davon verpflanzen die Besucher auch thematisch in die Donaumetropole. Wir balancieren auf dem Dach einer Riesenradgondel hoch über dem Panorama der Stadt und malen Kaiserin Sisi einen Schnurrbart. Manche der Fantasiefotos sehen sofort täuschend echt aus, andere drehen oder schneiden wir im Nachhinein zurecht.

Das 3D PicArt Museum ist mit herkömmlichen Museen nicht vergleichbar, alles dreht sich um das Gruppenerlebnis und originelle Erinnerungsbilder. Hier darf jeder albern und kindisch sein, nichts ist peinlich. Genau darin liegt der Zauber des Museums. Der Bonus: Zu Hause hatten wir beim Betrachten der Fotos erneut einen Dauergrinser im Gesicht.

WIEN SPONTAN

Kunst als 3D-Abenteuer im Tricky Mind Museum erleben: Das Tricky Mind Museum im 1. Bezirk spielt ebenso mit der Dreidimensionalität, dazu kommen AR-Elemente (Augmented Reality). Das Thema Kunst steht hier im Mittelpunkt und bekommt eine völlig neue Bedeutung. Die richtige Perspektive vorausgesetzt, werden Besucherinnen und Besucher Teil einer verblüffenden Foto-Illusion. Auf drei Stockwerken werden über 100 weltbekannte Gemälde wie „Der Kuss" von Gustav Klimt und über 30 spektakuläre Animationen präsentiert.

www.trickymind.at

~

Spionagekameras und Fotoapparate aus dem All bestaunen: Ein Eldorado für Fotografiefans ist das WestLicht in Wien-Neubau. Mehrere Fotoausstellungen, darunter die World Press Photo-Schau mit den besten Pressebildern der Welt, werden jedes Jahr im Museum ausgerichtet. Eine permanente Kameraaustellung präsentiert rund 800 Exponate, die entweder historisch oder technisch von Bedeutung sind. Unter den Objekten ist etwa eine Hasselblad, die bei der Apollo-Mondmission mit ins Weltall fliegen durfte, oder Spionagefotoapparate des russischen Geheimdienstes KGB.

www.westlicht.com

~

Burger essen und lässiger Rockmusik ein Ohr leihen: Neben mannigfaltigem Ohrenschmaus für Rockfans bietet das Addicted to Rock Bar & Burger am Getreidemarkt eine riesige Auswahl an Gin-Variationen und serviert gschmackige Burger-Kreationen mit Biorindfleisch. Eine Dependance der coolen Bar wurde 2019 in den Stadtbahnbögen eröffnet. Hier treten jeden Sonntag ab 19 Uhr österreichische Musiker unplugged vor Publikum auf, die Konzerte werden von Radio 88.6 live übertragen.

www.addictedtoburger.at

WEITERE TIPPS

Oben: In der Remise dreht sich alles um Straßenbahnen, Busse und die U-Bahn.
Unten: Der zweispännige Pferdebahn-Sommerwagen stammt aus dem Jahr 1868.

Familientipp →

Im Fuhrpark eine U-Bahn steuern

Schön- und Schlechtwetter / Familien / Dauer: 2 Stunden / Mi 9–18 Uhr & Sa, So 10–18 Uhr / U3 Schlachthausgasse / 3. Bezirk, Ludwig-Koeßler-Platz / Remise Verkehrsmuseum

Die urbane Berühmtheit wiegt 12,6 Tonnen und ist zum Angreifen nahe: Mit jenem Gelenkbus wollte ein Fahrer der Wiener Stadtwerke-Verkehrsbetriebe am 1. August 1976 knapp vor 5 Uhr früh die Reichsbrücke überqueren. Just in diesem Moment stürzte das Bauwerk ein und riss das Fahrzeug in die Fluten der Donau. Der Mann erlitt lediglich Prellungen, Fahrgäste waren glücklicherweise nicht an Bord. Ein junger Pkw-Lenker starb tragischerweise bei dem Unglück. Der Öffi-Bus trieb tagelang im Wasser, bis er geborgen und repariert werden konnte. Bis 1989 wurde das Fahrzeug noch regulär im Stadtverkehr eingesetzt. Heute hat der **„BUS AUS DEM FLUSS“** sein Ausgedinge in der Remise Verkehrsmuseum gefunden.

Der Fuhrpark beherbergt eine der größten Sammlungen historischer Fahrzeuge in Europa, ein Museumsrundgang ist eine Reise durch die letzten 150 Jahre Wiens. Das älteste Exponat der Ausstellung ist ein **ZWEISPÄNNIGER PFERDEBAHN-SOMMERWAGEN** (Bj. 1868). Ebenfalls aus den Anfangsjahren des öffentlichen Stadtverkehrs sind die **DAMPFTRAMWAY-LOKOMOTIVE** von 1884 und die ersten **ELEKTRISCHEN STRASSENBAHNEN**, die ab 1883 herumgondelten. Der letzte originale **STADTBAHN-WAGEN** aus 1898 zählte zu den innovativsten Zügen seiner Zeit. Nach dem Ersten Weltkrieg wurde er aufgrund von Kohlemangel eingestellt. Die **TYPE M** wiederum, ein Holzkastenwagen, transportierte die Wienerinnen und Wiener zwischen 1927 und 1978 von A nach B. Ein **SCHNEEPFLUG-HILFSWAGEN** gemahnt an die Machtergreifung der Nazis 1938, er fungierte als Propagandafahrzeug für die Einführung des Rechtsverkehrs. Die Jahre des Wirtschaftsaufschwungs ruft der **„AMERIKANER“** ins Gedächtnis. Diese Tramway drehte

UNTERWEGS

MIT PLAN

DAS REMISE VERKEHRSMUSEUM

Viele Museumsmitarbeiter lenkten früher selbst Öffis und sind vom Fach. Sie geben kompetent und freundlich Auskunft. Auf Wunsch und nach Voranmeldung sind auch spezielle Themenführungen zu den Bereichen Bus, Straßenbahn oder U-Bahn möglich.

www.remise.wien

einst im Big Apple ihre Runden und war einer von 45 gebrauchten Straßenbahn-Großraumtriebwagen, die Wien den New Yorkern im Zuge des Marshallplans abkaufte. Die Ami-Bims verkehrten bis 1969 in der österreichischen Hauptstadt. Cool ist die Optik des **DOPPELDECKERBUSSES 13A** (Bj. 1961), doch durchsetzen konnte er sich hierzulande nicht. Ob der kurzen Strecken nutzten die Fahrgäste das obere Deck nicht gern.

1968 gab der Gemeinderat spät, aber doch grünes Licht für den U-Bahnbau. 1978 flitzte erstmals ein **SILBERPFEIL** auf dem Teilstück der U1 vom Karlsplatz zum Reumannplatz durch Wiens Unterwelt. Damals eine Innovation, ist er in die Jahre gekommen und wurde sukzessive vom V-Wagen abgelöst. Die dritte Generation, der X-Wagen, wird ab 2026 vollautomatisch unterwegs sein.

KINDERFREUNDLICHE REMISE

Auf interaktiven Stationen wird spielerisch Wissenswertes rund um das Thema Öffis vermittelt. Man lernt zu verstehen, wie elektrische Spannung entsteht oder wie bei einer Straßenbahn die Geschwindigkeit reguliert wird. Im **U-BAHN-SIMULATOR** können die Besucher eine Fahrt aus der Sicht der Fahrerin erleben und selbst das Steuer in die Hand nehmen. Wer möchte, wird digital vom **AUDIOGUIDE HEARONYMUS** durch die Halle geführt. Die Smartphone-App bietet eine Version für Erwachsene und eine, bei der die Geschichte der Öffis kürzer und kinderfreundlich aufbereitet wird.

Die Exponate sind geschickt in die Wiener Historie eingebettet, ein Besuch ist lehrreich und kurzweilig. Auch unangenehme Themen wie die Naziherrschaft, die harten Arbeitsbedingungen der Tramwayfahrer im 19. Jahrhundert oder schwere Öffi-Unfälle werden nicht ausgespart.

WIEN SPONTAN

Mit Mundl den Ring umkreisen: Die gelbe Vienna Ring Tram umkreist zwischen 10–18 Uhr im Halbstunden-Takt die Innenstadt, Informationen über Sehenswürdigkeiten entlang der Ringstraße sind per Audioguide abrufbar. Neben acht Sprachen stehen eine kindgerechte und eine „weanerische" Version zur Auswahl. Autor Ernst Hinterberger hat den Originaltext in den Dialekt übersetzt, Edmund Sackbauers Weisheiten („Oba die Deitschn, des san ja aa Leit, net woahr!") spricht Mundl-Darsteller Karl Merkatz. Ein- und Ausstieg befindet sich am Schwedenplatz.

www.viennasightseeing.at/de_DE

~

Mit der U-Bahn den Spuren Otto Wagners folgen: An und in den Linien U4 und U6 kann man sich wunderbar auf Architektur-Schatzsuche begeben. Der Meister seines Fachs, Otto Wagner (1841–1918), war für die architektonische Ausgestaltung der Stadtbahn-Anlage verantwortlich. Er entwarf zahlreiche Brücken, Viadukte und Gebäude, etwa die beiden Jugendstilpavillons am Karlsplatz oder den ehemaligen Hofpavillon des Kaisers in Hietzing (→ Seite 34). Eine der schönsten der 20 von ursprünglich 35 Stationen ist die offene Station Stadtpark im 3. Bezirk.

WISSENSWERT

Der Trittbrettfahrer: Der Begriff „Trittbrettfahrer" stammt aus der Zeit, als es bei Straßenbahnen noch offene Türen und Trittbretter gab. Waren die Tramways überfüllt oder wollte man keinen Fahrschein kaufen, sprangen die Leute im letzten Moment auf und hielten sich außen am Fahrzeug fest. Der Holzkastenwagen Type M (→ Seite 63) war zum Schwarzfahren prädestiniert. Als am 22. Dezember 1978 der letzte Triebwagen dieses Typs ausgemustert wurde, war das auch das Ende des Trittbrettfahrens in Wien – zumindest im wahrsten Sinne des Wortes.

Oben: Wohnungslose werden von SHADES TOURS nicht im Regen stehen gelassen.
Unten: Oft kommt es auch zu Revierkämpfen um Bettelstandorte im 1. Bezirk.

SHADES TOURS

ERLEBEN ENTDECKEN

Den Spuren der Wiener Obdachlosen folgen

Schön- und Schlechtwetter / Paare, Freunde /
Dauer: 2 Stunden / Uhrzeit variabel / U1 und U3 Stephansplatz /
1. Bezirk, Treffpunkt variiert / SHADES TOURS

„Das Leben auf der Straße ist kein rosaroter Ponyhof", versichert Guide Daniel den Teilnehmerinnen und Teilnehmern, die ihm auf den Spuren der Obdachlosen folgen. Startpunkt der SHADES TOUR ist in der Bäckerstraße im 1. Bezirk. „Wien ist ein Sonderfall", erzählt er. „Es gibt in ganz Europa keine andere Metropole, in der so viel bezüglich **ARMUTSBEKÄMPFUNG** gemacht wird." In der österreichischen Hauptstadt geht man von 10.000 bis 12.000 wohnungslosen Personen aus, die Dunkelziffer wird auf bis zu 25.000 geschätzt. Die Gründe sind mannigfaltig. Typische Vorboten sind Alkoholismus, Spielsucht, Drogen, der Verlust des Partners, Medikamentenmissbrauch und Arbeitslosigkeit.

Daniel hatte zweieinhalb Jahre kein Dach über dem Kopf. Zuvor war er selbstständiger Gastronom. Ein ungesund hohes Arbeitspensum, zu viel Alkohol und eine Trennung katapultierten den damals 50-Jährigen aus seinem bürgerlichen Leben. „Obdachlosigkeit kann jeden treffen", resümiert er. In der Szene wird der gebürtige Eidgenosse „Schweizerlein" genannt. Seit er für SHADES TOURS als Guide unterwegs ist, hat sich die Situation des 58-Jährigen drastisch verbessert. Das soziale Unternehmen organisiert **TOUREN** rund um das **THEMA OBDACHLOSIGKEIT** und unterstützt Wohnungslose dabei, den Ausstieg aus ihrer prekären Lage zu schaffen. „Ich bin der lebende Beweis, dass es funktioniert", betont das Schweizerlein. Obwohl, für die Chefin sei er zu Beginn eine Herausforderung gewesen. „Die Chefin" ist Perrine Schober, eine Tourismusmanagerin, die

UNTERWEGS

MIT PLAN

UNTERWEGS MIT SHADES TOURS

SHADES TOURS organisiert Touren zu den Themen Armut & Obdachlosigkeit, Flucht & Integration und Sucht & Drogen. Die Guides sind selbst Betroffene. SHADES TOURS bekommt keine Spenden und Fördergelder und finanziert sich über die Einnahmen der Touren. Die Termine sind vorab zu buchen. Die Tour ist auch für Jugendliche ab 14 Jahren geeignet.

www.shades-tours.com

das Start-up 2015 gründete und seitdem mit ihren **ALTERNATIVEN STADTWANDERUNGEN** dazu beiträgt, Vorurteile gegenüber Randgruppen abzubauen. In Spitzenzeiten beschäftigt die junge Frau in ihrem Unternehmen bis zu 20 Obdachlose, einige fanden mit SHADES TOURS als **SPRUNGBRETT** einen Job und eine Wohnung.

FAUSTRECHT UND EXTREME WITTERUNG

Daniel kocht ehrenamtlich im Caritas Betreuungszentrum Gruft in Mariahilf. Bis zu 250 Mahlzeiten pro Tag werden dort an Bedürftige ausgegeben, zudem gibt es Notunterkünfte. „Für mich waren die Nächte in der Gruft sehr unangenehm. Ich konnte nie mehr als drei bis vier Stunden schlafen. Die Erste schnarcht, der Zweite furzt, die Dritte steht zehnmal auf, um zu rauchen, der Vierte hat ewig nicht mehr geduscht. Das geht an die Substanz."

Die Formen von Obdachlosigkeit sind unterschiedlich. Manche der Betroffenen haben ein Dach über dem Kopf, aber keine Meldeadresse, andere nächtigen in Notschlafstellen, ein Teil lebt im Park oder auf der Donauinsel. Das sei extrem gefährlich, es komme immer wieder zu Übergriffen auf Obdachlose, erzählt das Schweizerlein. „Auf der Straße herrscht das Faustrecht. Nachts trug ich ein Messer, Gott sei Dank musste ich es nie benutzen." Die größte Herausforderung sei die Witterung, sowohl Kälte als auch extreme Hitze. „Manche erfrieren, aber es werden auch Leute wegen Dehydrierung ins Krankenhaus gebracht."

OBDACHLOSE BLEIBEN OFT UNSICHTBAR

Wir folgen Daniel durch die Gassen. Er führt uns an Plätze, an denen wir sonst achtlos vorbeigehen, die für Obdachlose aber essenziell sind, weil sie dort essen, betteln oder schlafen. „Wenn ihr einen Tag in Wien unterwegs seid, geht ihr mindestens an 20 bis 30 Obdachlosen vorbei, ohne es zu bemerken. Die meisten wollen nicht als solche erkannt werden."

Ein Obdachloser benötige für das Lebensnotwendigste pro Tag rund 10 bis 15 Euro, so Daniel. „Fünf bis sechs Euro kostet der mehrmalige Gang auf eine öffentliche Toilette, auch für viele Notschlafstellen muss man einen Selbstbehalt bezahlen." Eine mögliche Einnahmequelle sei das Betteln, der 1. Bezirk mit seinen touristischen Highlights und schicken Büros sei dafür ideal. Wegen guter Bettelstandorte komme es manchmal zu Revierkämpfen. „Wir bilden **GRUPPEN**, das hat Vorteile", erzählt Daniel. „Wenn man zu zehnt im Park übernachtet, ist man besser geschützt. Und irgendein Rudelmitglied hat immer Zigaretten oder Geld." Überhaupt, in der Szene sei nicht alles negativ und bedrückend. „Einige unserer Leute haben einen super Schmäh. Manchmal musste ich so herzhaft lachen, dass mir die Tränen kamen."

Der Job als SHADES TOURS-Guide ist geringfügig und **KEINE DAUERSTELLE**. „Jeder von uns muss SHADES TOURS wieder verlassen", erklärt das Schweizerlein. „Aber nicht, wenn es schlecht, sondern wenn es gut läuft und man wieder Job und Wohnung hat. Scheidet jemand aus, geht Perrine Schober auf die Suche nach dem nächsten Guide." Auch Daniel wird bald seinen Dienst quittieren, möchte aber in Zukunft als Ehrenamtlicher weitermachen. An seiner Stelle wird eine oder ein anderer bei SHADES TOURS starten und möglicherweise damit den Absprung aus der Armut schaffen.

Die SHADES TOURS gewähren spannende Einblicke in eine Welt, die den meisten von uns fremd ist. Der Guide war authentisch, kompetent und sympathisch. Voyeurismus wird genauso vermieden wie der Druck auf die Tränendrüse, persönliche Erfahrungen wechseln mit Fakten.

WEITERE TIPPS

WIEN SPONTAN

Mit gutem Gewissen im INIGO essen: Das Restaurant INIGO in der Bäckerstraße 18 im 1. Bezirk serviert klassische Wiener Küche als auch fernöstliche Speisen, die Zutaten kommen hauptsächlich aus der Region. Zudem finden Lesungen und musikalische Veranstaltungen statt. Mit dem Besuch sponsert man ein Arbeitsmarktprojekt der Caritas, das Langzeitarbeitslose beim Wiedereinstieg unterstützt.

www.inigo.at

~

Im neunerhaus Café so viel zahlen, wie man kann: Das neunerhaus Café in Wien-Margareten bietet ein Mittagessen gegen freie Spende, auch mitgebrachte Speisen und Getränke dürfen konsumiert werden. Das Lokal ist Teil der neunerhaus-Sozialorganisation, die zudem kostenlose medizinische Versorgung für Bedürftige anbietet. Das Grätzl-Lokal ist gemütlich, das Publikum bunt, das Personal besteht großteils aus Ehrenamtlichen.

www.neunerhaus.at

WIEN MIT PLAN

Sachen mit Sinn spenden

Wer mit Sachspenden helfen möchte, sollte wissen, was wo tatsächlich benötigt wird. Guide Daniel hatte drei Vorschläge parat.

Tipp 1: Die Barmherzigen Schwestern bereiten im VinziGwölb in Mariahilf Frühstück für Bedürftige zu. Die Menschen dürfen hier auch ihre Wäsche waschen. Waschmittel vorbeibringen!

www.vinzenzgruppe.at

~

Tipp 2: Im Tageszentrum Obdach Ester in Wien-Favoriten wird wohnungslosen Frauen (mit oder ohne Kinder) geholfen. Kosmetik- und Hygieneartikel im Obdach Ester abgeben! Der absolute Renner: Nagellack!

www.obdach.wien/p/obdachlos-tageszentren-ester

~

Tipp 3: Sämtliche Kleiderausgaben Wiens leiden unter Sockenmangel. Kleiderspenden werden etwa im carla mittersteig und im carla nord entgegengenommen. Socken in gängigen Größen abliefern!

www.caritas-wien.at/spenden-helfen/sachspenden/kleidung

ERLEBEN
ENTDECKEN

Familientipp →

Pomali eine leiwande Zeit auf dem Rummelplatz verbringen

Schönwetter / Familien / Dauer: nach Lust und Laune / 10–20 Uhr / 68A und 68B Urselbrunnengasse / 10. Bezirk, Laaer Wald / Böhmischer Prater

„Den Wurschtl kann keiner derschlag'n!", heißt es in einem Lied, in dem die Wiener Seele besungen wird. Die Textzeile passt tadellos zur wechselhaften Geschichte des Böhmischen Praters. Der kleine Rummelplatz am Laaer Berg entstand in den 1880er-Jahren durch die Ansiedlung von Gasthäusern und Schaustellern. Die Arbeiterinnen und Arbeiter aus den nahe gelegenen Ziegelwerken, die großteils aus Böhmen und Mähren stammten (daher kommt der Name „Ziegelböhm"), verbrachten hier gerne ihre spärliche Freizeit und schenkten dem Vergnügungspark den Namen. Die zwei Weltkriege setzten dem Rummelplatz arg zu, danach war seine Popularität im Laufe der Jahrzehnte stetigen Schwankungen unterworfen. Die Attraktionen und der Park selbst sind nicht mit dem Prater in der Leopoldstadt zu vergleichen. Das Kleinod besteht nur aus einer mit Fahrgeschäften und Gaststätten gesäumten Straße. Darunter finden sich etwa ein ungefähr **20 METER HOHES RIESENRAD**, eine **MINIGOLFANLAGE**, **AUTODROME**, **SCHIESSBUDEN**, **HUTSCHEN** und **RINGELSPIELE.** Während ein Besucher erzählt, dass er sich als Kind beim Karussell in einer Schlange anstellen musste, berichtete uns ein Schausteller vor rund zehn Jahren, dass er wochentags meist nur eine Handvoll Fahrgäste zähle.

DIE RENAISSANCE DES RETRO-ERLEBNISPARKS

„Mit der bin i a gfoarn, wia i a Kind woa", erzählt eine ältere Dame, während sie vor dem Springpferd-Karussell auf Ehemann

Oben: Das Hutschn-Bräu-Areal ist ein frisch gebackenes Freizeitparadies.
Unten: Schon zur Kaiserzeit machten diese Springpferde Kinder glücklich.

UNTERWEGS

MIT PLAN

DER BÖHMISCHE PRATER
Der Böhmische Prater hat von April bis Oktober Saison, die Öffnungszeiten der einzelnen Betriebe variieren. Die Fahrgeschäfte sind hauptsächlich für Kinder bis zum Ende des Volksschulalters geeignet und günstig. Da darf der Nachwuchs schon mal mehrere Runden drehen. Die Gastronomie reicht vom rustikalen Wirtshaus bis zu Kaffeehäusern, in regelmäßigen Abständen werden Events, etwa Konzerte und Kabaretts, veranstaltet. Zum Böhmischen Prater gehört ein Parkplatz, der an Schönwetter-Wochenenden rasch voll ist. Tipp: Am späten Vormittag hinfahren. Noch besser: Falls ein kurzer Spaziergang kein Problem ist, Öffis nehmen. Wer gut zu Fuß ist, benötigt von der Busstation Urselbrunnengasse bis zum Vergnügungspark rund 15 Minuten.

www.hutschn-braeu.at, www.böhmischer-prater.at

und Enkel wartet. Der Dreijährige spielt Straßenbahnchauffeur. Sein einziger Passagier ist Opa, der sich hinter dem Kleinen in die Mini-Bim mit aufgemalten Zwergen gequetscht hat. Größere Kinder reiten auf Pferden, die Mitte des 19. Jahrhunderts von Hand geschnitzt wurden, die Hintergrundmusik klingt wie aus dem Leierkasten eines Werkelmanns. Die Eröffnung des Karussells spielte sich 1890 im Beisein des Kaisers ab, damals wurde das Fahrgeschäft manuell angetrieben. Es ist das **ÄLTESTE RINGELSPIEL EUROPAS** und dreht noch immer seine Runden. Nur die Smartphones, mit denen die Eltern und Großeltern die Fahrt des Nachwuchses dokumentieren, schmälern den nostalgischen Gesamteindruck der Szenerie.

An diesem Samstagnachmittag geht es im Böhmischen Prater zu wie auf einem Dorfkirtag. Die Gastronomie ist gut besucht, von den meisten Fahrgeschäften erklingt Kinderlachen. Der abgelegene Rummelplatz in Favoriten, der lange unter Besucherinnenschwund litt, ist aus einem jahrelangen Dornröschenschlaf erwacht. Das könnte an den neuen Attraktionen liegen, die ihn nun bereichern. Im Mai 2021 öffnete das **HUTSCHN BRÄU** seine Pforten, ein Lokal mit weitläufigem Schanigarten und eigener Biobierbrauerei. Eine angeschlossene Konditorei ist in einem dem Palmenhaus nachempfundenen Glaspavillon untergebracht. Auf dem Areal des Gasthauses befinden sich außerdem ein Laser-Labyrinth, eine Veranstaltungsbühne, eine Originalkutsche von der vorvorigen Jahrhundertwende und ein Rutschturm aus dem Wurstelprater. Die Kirsche auf der Torte ist das wertvolle Ringelspiel, Baujahr 1903, das von Belgien nach Favoriten überstellt wurde. Gegenüber liegt der ebenfalls frisch aus dem Ei geschlüpfte **KINDERPARK HRABALEK**, der neben anderen Besonderheiten aus einer Kindergeisterbahn, einem Outdoorkaffeehaus, einem Eisenbahnwaggon für Privatfeiern und dem 130 Jahre alten Holzkarussell besteht.

EIN STÜCK STADTGESCHICHTE ERHALTEN

„2016 las ich in der Zeitung, dass ein Käufer für das Springpferd-Karussell gesucht wird“, erzählt HUTSCHN BRÄU-Inhaber **ERNST HRABALEK.** Der Unternehmer war zu diesem Zeitpunkt bereits über 70 Jahre alt und erwarb das Ringelspiel, um es hobbymäßig in der Pension zu betreiben. „Ich hab das für ein paar Monate gemacht und die Kinder meistens gratis fahren lassen.“ Doch für das gemächliche Ausgedinge war Hrabalek auf Dauer zu umtriebig. „Der Böhmische Prater ist **EIN STÜCK ALTES WIEN**, beschaulich und friedlich. Ich war schon als Kind mit meinen Eltern hier und wollte einen Beitrag leisten, damit er erhalten bleibt“, sagt er. Die Probleme des Böhmischen Praters sind vielfältig, das Fehlen einer öffentlichen Toilette wurde oft beklagt. Diese Misere ist mittlerweile behoben. Die größte Krux ist die Erreichbarkeit. Hrabalek hat drei Shuttlebusse gekauft, sie sollen bald Fahrt aufnehmen. Der gebürtige Ottakringer schwärmt von der schönen Kindheit, die er in seiner Heimatstadt verbracht hat. „Ich habe das alles aus Liebe zu Wien aufgebaut“, betont er. „Der Böhmische Prater soll weiter existieren.“ Das wird er. Den Wurschtl kann keiner derschlag’n.

Die Erweiterung hauchte dem Böhmischen Prater neues Leben ein. Der beschauliche, kontemplative Bruder des Wurstelpraters gehört den Wienern, Touristinnen verirren sich nur selten hierher. Er ist eingebettet in das etwa 40 Hektar große Erholungsgebiet Laaer Wald, verfügt über ein breites gastronomisches Angebot sowie Unterhaltung für die Kleinen und weckt nostalgische Kindheitserinnerungen bei den Großen.

WEITERE TIPPS

WIEN SPONTAN

In der böhmischen Kuchl tafeln: Typisch böhmisches Essen ist deftig und schmackhaft, die pikanten Speisen setzen sich meist aus reichlich Fleisch, Knödel, Kartoffeln und Kraut zusammen. Für köstliche Gerichte und große Portionen ist das Gasthaus „Zur Böhmischen Kuchl" in der Josefstadt bekannt. Der Familienbetrieb bietet traditionelle böhmische Küche an, dazu werden österreichische und mährische Weine sowie tschechische Biere ausgeschenkt. Die urige und rustikale Einrichtung der Gaststätte schickt die Gäste auf eine Zeitreise in das Böhmen vergangener Tage.

www.zurboehmischenkuchl.at

~

Sich mit Buchteln den Tag versüßen: Buchteln oder Wuchteln sind eine Süßspeise aus Germteig, die ursprünglich aus der böhmischen Küche kommt. Sie werden mit Powidl oder Marillenmarmelade gefüllt und in einer Rein ins Backrohr geschoben. Das Restaurant „Zu den 3 Buchteln" in Margareten bereitet hervorragende altösterreichische und böhmische Schmankerln zu und wird auch seinem Namen gerecht. Buchteln finden sich selbstredend auf der Speisekarte.

zu-den-3-buchteln.webflow.io

~

Am Wienerbergteich eine Rast einlegen: Wo einst die „Ziegelböhm" 15 Stunden täglich schufteten, befindet sich heute das Erholungsgebiet Wienerberg mit seinem künstlich angelegten Teich und einer vielfältigen Fauna und Flora. Das Landschaftsschutzgebiet ist rund 120 Hektar groß und lockt Spaziergängerinnen und Wanderer mit verwunschenen Pfaden und Wiesen. Auf diesem Areal entstand unter Maria Theresia die erste staatliche Ziegelfabrik, die sich bis heute zur größten Europas entwickelte. 1960 stellte man hier den Betrieb ein, zurück blieb durch den Lehmabbau eine riesige Grube. Nach der Umgestaltung des Areals in den 1980er- und 1990er-Jahren wurde daraus der idyllische Wienerberg-Teich mit dem größten Schilfbestand Wiens. Er wird auch als Naturbadeplatz genutzt. Erreichbar ist der Wienerbergteich mit der Straßenbahnlinie 1. Bei der Endstation Stefan-Fadinger-Platz aussteigen und anschließend ein paar Minuten zu Fuß.

WISSENSWERT

Der liebe Augustin von Favoriten: Tausende Menschen gaben ihm das letzte Geleit, im 10. Bezirk wurde eine Gasse nach ihm benannt, er war der Held in einem Buch und einer Operette. Solche Ehren werden Vagabunden selten zuteil. Karl Baron (1882–1948) oder, wie er von allen genannt wurde, Baron Karl, war ein Landstreicher und ein Wiener Original. Der in Böhmen geborene Favoritner lebte meist auf der Straße und hielt sich mit Gelegenheitsjobs über Wasser. Von seinem kleinen Einkommen kaufte er Essen und Naschereien für arme Kinder. Im Böhmischen Prater zog er musizierend von Wirtshaus zu Wirtshaus und war ein sogenannter Fassldippler (er trank die Bierreste aus den Fässern) und Tschickarretierer (er sammelte weggeworfene Zigarettenreste). In Favoriten war Baron Karl bereits vor seinem Tod eine Legende. Sich selbst beschrieb er als „der Liebe Augustin von Favoriten."

In der Hauptstadt Wiensbruck wird für
die „Rente mit 30“ demonstriert.

MINIATUR
TIROLERLAND

ERLEBEN ENTDECKEN

Familientipp

Die alpine Wunderwelt in Margareten bestaunen

Schön- und Schlechtwetter / Paare, Kinder /
Dauer: 1–2 Stunden / 10–18 Uhr / U4 Kettenbrückengasse /
5. Bezirk, Franzensgasse 18 / MINIATUR TIROLERLAND

600 Demonstranten marschieren mit Transparenten für ihr unterstützenswertes Anliegen „Rente mit 30" durch die Straßen. Die Feuerwehr eilt zur Tischlerei Schmerek, in der immer wieder Feuer ausbricht. Designer Karl Magergeld zeigt auf Knopfdruck seine letzte Kollektion. Auf dem Friedhof wird Onkel Ludwig beerdigt, als sich plötzlich die Leiche im Sarg aufrichtet und die erste Reihe vor Schreck in Ohnmacht fällt. In der imaginären Tirolerland-Hauptstadt Wiensbruck überschlagen sich die Ereignisse in einer Dauerschleife.

„Die Modelleisenbahn ist bei uns nicht das Wichtigste, sondern die **VIELEN DETAILS** und **SKURRILEN SZENEN**", erklärt Betreiber Wolfgang Pröhl, während wir beobachten, wie im Sekundentakt immer mehr Lichter die Straßen und Häuser des **KLEINEN WUNDERLANDS** erhellen. „Durchschnittlich bleiben unsere Besucher drei Tage lang hier", sagt er und schmunzelt. Die Zeitrechnung sei im **MINIATUR TIROLERLAND** eine andere, ein Tag bestehe aus 24 Minuten. In diesem Intervall wechseln sich Morgendämmerung, Mittagssonne, Abendstimmung und Nacht ab.

Pröhl und seine Mannschaft errichteten innerhalb von sechs Jahren in Wien-Margareten gleich hinter dem Naschmarkt das MINIATUR TIROLERLAND. Sie schufen Fantasie-Tirol im Maßstab 1:87 mithilfe moderner Technik auf einer Fläche von 300 m².

Die kreativen Tüftlerinnen und Tüftler verlegten 35.000 Meter Kabel, fast zwei Kilometer Gleise, bauten über 100 Meter Straßen und stellten mehr als 1000 Gebäude auf.

UNTERWEGS

MIT PLAN

DAS MINIATUR TIROLERLAND BESICHTIGEN

Freitags und an den Wochenenden ist geöffnet, im Hochsommer durchgehend geschlossen. In den Weihnachts- und Osterferien ist hingegen auch werktags ein Besuch möglich. Am besten auf der Homepage nachschauen. Dem Miniaturland ist ein kleiner Gastronomiebetrieb angeschlossen, der einer Tiroler Almhütte nachempfunden ist und in dem Getränke und zünftige Brettljausn offeriert werden.

miniatur-tirolerland.at

Seit 2016 ist die Miniaturausgabe des westlichen Bundeslandes für das Publikum geöffnet. 29.000 Figuren bevölkern die fiktiven Dörfer und Städte, die alpine Landschaft wurde üppig mit Bäumen und Sträuchern bestückt, 90 Züge und etliche Fahrzeuge drehen teils abwechselnd ihre Runden. Die Häuser sind zum Großteil eingerichtet, in Büros leuchten winzige Monitore auf Schreibtischen, Hotelgäste feiern in ihren Zimmern frivole Partys. 102 Gebäude, etwa Schloss Ambras, das Goldene Dachl oder die Bergiselschanze, sind realen Bauwerken nachempfunden, der Rest entsprang dem Ideenreichtum des Teams.

EIN SPUKSCHLOSS UND DER WEIHNACHTSMANN

Unter Tage arbeiten **BERGWERKSLEUTE**, oberirdisch pfeift und summt die Bergwerksbahn. **GENERVTE ARZTGATTINNEN** lassen im Institut für Stressabbau ihrer Wut beim Teppichklopfen freien Lauf, ein **TAUCHER** kürzt die Wasserpflanzen am Boden eines Sees mit dem Rasenmäher. Um 18 Uhr und um Mitternacht (TIROLERLAND-Zeit) erwachen im Spukschloss **GESPENSTER, ZOMBIES UND VAMPIRE** zum Leben. Die **GEISTERVILLA** ist dem Haus von Norman Bates aus dem Film Psycho nachempfunden. Beim **OPEN-AIR-KONZERT** tummeln sich 3900 Konzertbesucherinnen, über dem **CHRISTKINDLMARKT** fliegt der Weihnachtsmann in seinem Rentierschlitten und wirft einen überdimensionalen Schatten an die Wand.

Mit 3200 LEDs ist das **RIESENRAD AUF DEM BERGKIRTAG** das größte leuchtende Objekt innerhalb der Anlage. Wolfgang Pröhl macht uns auf ein „**MANDL**“ aufmerksam, das nahe einem Bierzelt sein Geschäft verrichtet. Tatsächlich, da fließt ein winziger Pinkelstrahl. „Solche Kleinigkeiten entdecken Kinder viel häufiger als Erwachsene“, erzählt er. Der Betreiber verrät uns das Geheimnis dieser optischen Täuschung. „Das ist ein Plexiglasstab, der wie eine Spirale geformt ist und sich nonstop dreht. Das Prinzip haben wir auch bei Brunnen angewandt.“

Die akribische Beobachterin registriert, dass der Wiener Wolfgang Pröhl auch zarte Spuren seiner Heimatstadt in Mini-Tirol hinterlassen hat. Ein Möbelhaus trägt den doppeldeutigen Namen O. W. Zara, die Mauer zwischen Polizei und Wiensbrucker Hauptstraße wurde mit dem sinnigen Spruch „A Kiwara is ka Hawara“ geschmückt.

Das Kleinod in Naschmarkt-Nähe
besticht mit Liebe zum Detail und schrägem Humor.

WEITERE TIPPS

RUND UM DEN NASCHMARKT SPONTAN

Den besten Essig der Welt am Naschmarkt verkosten: Der Favoritner Aromaexperte Erwin Gegenbauer braut kultige Essigkreationen, die bei Spitzengastronomen rund um den Globus gefragt sind. Die mehr als 70 Sorten bestehen aus natürlichen Zutaten wie Spargel, Himbeeren, Safran, Brombeeren oder Zitronengras und schmecken schlicht göttlich. Die kleine Manufaktur aus dem 10. Bezirk beliefert Restaurants auf vier Kontinenten und bietet ihre edlen Produkte auf dem Naschmarktstand Nummer 111–112 feil.

www.gegenbauer.at

~

Wo eisenbahnbegeisterte Fleischtiger speisen: Auf der Rechten Wienzeile im Restaurant Výtopna servieren digital gesteuerte Modelleisenbahnen Speisen und Getränke. Über 600 Meter Gleise und neun bewegliche Zugbrücken erstrecken sich im Lokal, die Züge leuchten und hupen bei An- und Abfahrt. Das Konzept stammt aus Tschechien und sorgt bei großen und kleinen Eisenbahnfans für ein ungewöhnliches kulinarisches Erlebnis. Das Lokal ist spezialisiert auf Burger und Steaks aus österreichischem Biofleisch, man braut außerdem ein eigenes Bier.

www.vytopna.cz/de/branch/wien-naschmarkt/about-branch

RUND UM DEN NASCHMARKT MIT PLAN

Wie der Dritte Mann in den Untergrund abtauchen: Ein unvergessliches Erlebnis ist die 3.-Mann-Kanaltour, die in Naschmarktnähe bei der original Filmtreppe im Girardipark startet und zu Drehorten des Klassikers führt. Mit Helm und Stirnlampe ausgerüstet begeben sich die Teilnehmerinnen auf die Spuren von Hauptdarsteller Orson Welles alias Harry Lime in die Wiener Kanalisation. Die Tour findet von Mai bis Oktober (Donnerstag bis Sonntag) statt, eine Reservierung ist erforderlich.

www.drittemanntour.at/de/kanaltour

Oben: Statt zu lauter Discomusik tanzen wir zu Vibrationen.
Unten: Gebärdensprache ist keine Pantomime und folgt eigenen Grammatikregeln.

HANDS UP, DIALOG IM DUNKELN

ERLEBEN ENTDECKEN

Familientipp →

Die Welt von Gehörlosen und Blinden erleben

Schlechtwetter / Paare, Familien / Dauer 1–1½ Stunden / Do bis Sa bzw. So, unterschiedliche Öffnungszeiten / U3 Herrengasse und U2 Schottenring / 1. Bezirk, Schottenstift, Freyung 6 / HANDS UP, Dialog im Dunkeln

„Hands up, baby, hands up
Gimme your heart gimme gimme your heart
Gimme gimme"

Die Beine kribbeln, als der gehörlose Guide Ido Kashanovsky-Resl den Discokracher aus den 1980er-Jahren auf dem Monitor abspielt. Wir tanzen zu den Vibrationen, die wir durch eine Holzplattform unter den Füßen spüren, den Songtext lesen wir auf dem Bildschirm. Durch die Ohrenstöpsel und schalldämpfenden Kopfhörer können wir nichts hören und sind umso mehr auf unser Körpergefühl angewiesen. Die interaktive Ausstellung **HANDS UP** entführt in die völlige Stille, um den Alltag gehörloser Menschen Hörenden auf spielerische Art und Weise zu vermitteln und sie dafür zu sensibilisieren.

Wir lernen, dass Wecker und Türklingel in dieser Welt nur mit **LICHTSIGNALEN** oder **VIBRATION** funktionieren und **GEBÄRDENSPRACHE** keine Pantomime ist, sondern eine eigene Grammatik und viele Regeln hat. Ido bringt uns bei, unseren Namen mit den Händen zu „buchstabieren". Das sorgt zum Teil für ratlose Gesichter und viel Gelächter. Wir spielen Stille Post, versuchen, uns mit Mimik und Gestik zu verständigen, und erraten die Bedeutung von Gebärden, die von Avataren auf einem Bildschirm gezeigt werden. Und das Wichtigste: Wir **KOMMUNIZIEREN** mit gehörlosen Menschen mit viel Körpereinsatz und freuen uns, wenn wir dabei erfolgreich sind. Relativ einfach ist das Zeichen für Applaus: Arme in die Höhe strecken und mit den Händen wackeln. Diese Gebärde wurde von den Besucher-

UNTERWEGS

MIT PLAN

HANDS UP UND DIALOG IM DUNKELN

Für beide Erlebniswelten ist eine Reservierung erforderlich. „Dialog im Dunkeln" bietet zusätzlich zur Gruppenwanderung im dunklen Parcours noch „Dinner im Dunkeln" und eine „Frühstücksführung im Dunkeln" an.

www.handsup.wien, imdunkeln.at

Beide Ausstellungen sind Erlebnisse, die gleichzeitig der Unterhaltung dienen und den Horizont erweitern. Wir haben viel gelacht und einiges gelernt. Einzigartig und außergewöhnlich!

innen und Besuchern während der Führung am häufigsten verwendet.

Ein Bereich der Ausstellung ist gehörlosen Berühmtheiten gewidmet und macht darauf aufmerksam, dass auch Menschen ohne diesen einen Sinn Großes leisten oder geleistet haben. Um nur zwei zu nennen: **LUDWIG VAN BEETHOVEN** (1770–1827) wurde im Laufe seines Lebens zunehmend gehörlos, trotzdem komponierte er weiterhin musikalische Meisterwerke, **THOMAS EDISON** (1847–1931), der bereits als Kind ertaubte, erfand die Glühbirne. Das Einzige, was Gehörlose nicht können, ist hören.

IN VÖLLIGER DUNKELHEIT DURCH WALD UND STADT

Auch ohne den Sehsinn fällt vieles schwer. Die Nebengeräusche der Stadt machen es fast unmöglich, das akustische Signal der Ampel zu hören. Wir tasten uns in völliger Dunkelheit entlang von Mauern und Felswänden und achten darauf, dass wir uns den Kopf nicht stoßen. Ein Blindenstock soll bei der Orientierung helfen. Auf einem Tisch stehen Gegenstände. Was ist das für ein undefinierbares Gerät, was für ein Stück Stoff? Wir krachen in die Vorderfrau, der Hintermann stolpert über unseren Stock.

Eine Gruppe von acht Sehenden durchwandert die komplett abgedunkelte Erlebniswelt **DIALOG IM DUNKELN**. Auf einem 1000 m² großen Parcours stoßen wir auf alltägliche Situationen, nur ohne unseren Sehsinn. In den ersten Minuten fühlt sich die totale Finsternis unheimlich an, doch wir passen uns vorsichtig an. Gehen langsam. Achten auf Geräusche. Ertasten das Umfeld. Wir spazieren auf einem **UNEBENEN WALDBODEN**, steigen in ein **BOOT** oder überqueren in urbanem Gebiet eine **KREUZUNG**.

Wir nehmen einen **DRINK AN EINER BAR**, suchen bei jedem Schluck das Glas und versuchen, es nicht umzustoßen. Beim Zahlen verlassen wir uns auf den blinden Barkeeper, denn wir können die Geldscheine nicht voneinander unterscheiden.

Weil der Sehsinn in dieser Umgebung nutzlos ist, sind wir mehr als sonst auf Hör-, Geschmacks- und Tastsinn angewiesen. Und auf Mekonnen, unseren Guide. Er gibt uns Anweisungen, nimmt uns an der Hand, sucht uns, wenn wir die Gruppe verlieren und irgendwo orientierungslos im Kreis laufen. Er gewährt uns einen kurzen Einblick in seine Welt. Für uns ist dieses Erlebnis ein eineinhalbstündiger Perspektivenwechsel, für ihn Routine. Denn die Guides, die durch den Parcours führen, sind selber blind oder sehbehindert. Alles ist komplizierter. Gehsteigkanten, Stufen, der Besuch eines Lokals, Einkaufen. Nach dem Barbesuch führt uns Mekonnen zum Ausgang. Es wird heller, unsere Augen gewöhnen sich erst langsam wieder an das Licht.

WIEN SPONTAN

Das Bier im Wirtshaus selber zapfen: Seit dem 15. Jahrhundert werden auf diesem Platz im Schottenstift Gäste bewirtet. Heute befindet sich hier das Wirtshaus Zattl, dessen Biergarten 2010 zum schönsten Österreichs gewählt wurde. Das Lokal bietet noch eine Besonderheit: Im Keller können sich die Gäste das Bier direkt am Tisch selbst zapfen, eine digitale Anzeige zählt den Verbrauch mit.

www.zattl.at

WIEN MIT PLAN

Sich lukullisch hinters Licht führen lassen: Sehende werden auch beim Dinner in the Dark in Ottakring in die Welt von Blinden versetzt. Blinde Guides führen die Besucher durch eine Lichtschleuse in einen völlig abgedunkelten Raum. Ein viergängiges Überraschungsmenü, von blinden Kellnerinnen serviert, verlangt den anderen Sinnen – Hören, Tasten, Schmecken und Riechen – einiges ab. In rund dreieinhalb Stunden gilt es zudem, so manch zusätzliche Herausforderung, etwa ein Tänzchen, zu meistern. Der Veranstalter „Vier Sinne“ bietet neben seinem Dinner-Klassiker weitere Erlebnisse in absoluter Dunkelheit an, etwa Wein- und Bierverkostungen.

www.viersinne.at

WEITERE TIPPS

Der Zentralfriedhof ist Schauplatz vieler skurriler Ereignisse.
So wurde das Gebiss des Walzerkönigs aus seinem Grab gestohlen.

ERLEBEN ENTDECKEN

Gruseln und Staunen in der Stadt der Toten

Schönwetter / Erwachsene / Dauer: mindestens 3 Stunden /
U3 Simmering, dann weiter mit der Straßenbahnlinie 11 oder 71
Zentralfriedhof 2. Tor / 11. Bezirk

Nachts sind die Tore zum Zentralfriedhof geschlossen, niemand stört die Ruhe der Toten. Doch es regt sich tierisches Leben: Rehe, Hasen, Füchse, Dachse und verwilderte Katzen bevölkern die Begräbnisstätte in Simmering. Auf dem Dach der Karl-Borromäus-Kirche brüten Turmfalken, Eulen jagen im Gräbermeer ihre Beute. An ausgewählten Abenden schleichen auch Zweibeiner durch das Areal, um Guide Gabriele Saeidi Razavi und dem matten Lichtkegel ihrer Taschenlampe zu folgen. Sie erzählt der Gruppe nach Einbruch der Dämmerung schaurige Geschichten von Wiedergängern, Exhumierungen, Grabräubern und kopflosen Leichen. Diese Führung ist die schaurig-stimmungsvollste Möglichkeit, um die Stadt der Toten zu erkunden.

LEICHENTRANSPORT PER ROHRPOST?

Der Zentralfriedhof wurde 1874 gegen den massiven Widerstand der Bevölkerung eröffnet: Die Anfahrt mit den Pferdefuhrwerken entlang der Simmeringer Hauptstraße dauerte ewig, das Gelände war karg und trostlos. Um die Attraktivität der entlegenen Begräbnisstätte zu verbessern, suchten die Stadtväter (Stadtmütter gab es nicht) nach Lösungen. Eine Idee war, die Leichen über ein unterirdisches Tunnelsystem als eine Art „**ROHRPOST**" zu transportieren. Dieser Plan wurde nie realisiert, stattdessen setzte sich eine andere Marketingidee durch. Die Stadtverwaltung ließ auf dem Zentralfriedhof pompöse Ehrengräber errichten und manch prominente Verstorbene wie die Komponisten **LUDWIG**

UNTERWEGS

MIT PLAN

DEN WIENER ZENTRALFRIEDHOF BEI NACHT ENTDECKEN

In den Herbst- und Wintermonaten ist es samstags möglich, den Friedhof bei Nacht zu erleben. Nach Sonnenuntergang startet die Tour „Eine Führung zum Fürchten – der Wiener Zentralfriedhof bei Nacht" mit Guide Gabriele Saeidi Razavi beim Haupttor (Tor 2). Die Führerin verteilt Taschenlampen und erzählt im Rahmen eines zweistündigen Rundgangs Historisches, Wissenswertes und Schauriges über den Zentralfriedhof und seine Toten. Die Führung kann online gebucht werden.

www.gabitours.at/destinations/der-zentralfriedhof-bei-nacht

~

ERLEBNISTOUR MIT DEM SEGWAY

Ein Spaß-Erlebnis der besonderen Art ist die geführte Tour mit dem Segway

segway.wien/sightseeing/zentralfriedhofs-tour

VAN BEETHOVEN und **FRANZ SCHUBERT** nach Simmering „umsiedeln". In den Jahren 1908 bis 1911 wurde eines der bedeutendsten Jugendstilbauwerke Wiens, die **FRIEDHOFSKIRCHE ZUM HEILIGEN KARL BORROMÄUS** (früher: Dr.-Karl-Lueger-Gedächtniskirche), in der Nähe des Haupteingangs errichtet und schmückt seitdem die weitläufige Ruhestätte.

Erreichbar ist das Gräberlabyrinth mit der **STRASSENBAHNLINIE 71**, die auf der Simmeringer Hauptstraße an vier Toren des Zentralfriedhofs vorbeirumpelt. Die Einheimischen bezeichnen sie augenzwinkernd-morbid als „Witwenexpress", zudem hält sie als Synonym für den Tod („mitn Anasiebzga fahrn") her, da die Tram bis 1945 nicht nur Fahrgäste, sondern auch die Verstorbenen zum Friedhof beförderte. Heute hat dieses unterirdische Wien mit seinen drei Millionen Toten mehr „Einwohner" als das oberirdische.

WALK OF FAME AUF WIENERISCH

Auf dem Hollywood Boulevard in Los Angeles werden berühmte Personen der Unterhaltungsindustrie mit auf einem Gehweg eingelassenen Sternen geehrt. Was den Kaliforniern der Walk of Fame, ist den Wienerinnen der Zentralfriedhof. Die Inschriften auf den rund 1000 Simmeringer **EHRENGRÄBERN** lesen sich wie das Who is Who der hiesigen Prominenz. Wer über das weitläufige Areal flaniert, entdeckt viele bekannte Namen, zum Beispiel Falco, Udo Jürgens, Karl Renner, Bruno Kreisky, Johanna Dohnal, Rosa Albach-Retty und Hans Moser.

Auf dem **ALTEN JÜDISCHEN FRIEDHOF** sorgt die Natur für Patina. Die Nebenwege sind überwuchert, die Grabsteine efeu-

Oben: Eine Nachtwanderung auf dem Gräberhain ist schaurig und stimmungsvoll.
Unten: Flaneusen und Flaneure lieben den alten Jüdischen Friedhof.

umrankt, es ist menschenleer. Er verfällt, weil keine Nachfahren der Toten da sind, um ihn zu pflegen. Flaneure lieben diesen versonnenen Ort ob seiner Wehmut und Stille.

ZAHNLOSER WALZERKÖNIG, KOPFLOSER BEETHOVEN UND VERSCHWUNDENE HITLER-NICHTE

Myriaden von makabren und geheimnisumwitterten Geschichten ließen sich über den Zentralfriedhof und seine Toten erzählen, wir haben nur Platz für ein paar Auszüge. 2002 stahl ein Grabräuber die künstlichen Gebisse der weltberühmten Komponisten **JOHANN STRAUSS JUNIOR** (1825–1899) und **JOHANNES BRAHMS** (1833–1897) mit einer Kneifzange aus den Ehrengräbern. Der Plünderer kannte keinen Genierer, stellte die morbide Beute in seinem Zahn-Museum nahe Prag aus und präsentierte sie auf seiner Homepage. Der Tscheche soll seit vielen Jahren menschliche Schädel und Prothesen „sammeln". Den Kopf von **LUDWIG VAN BEETHOVEN** hat jemand schon vor seiner Bestattung entwendet. Angeblich wurde das Haupt des Komponisten auf dem Seziertisch auch von einem „Sammler" gestohlen. Ebenso rätselhaft ist die Geschichte rund um den Leichnam von Hitlers Nichte **ANGELA MARIA „GELI" RAUBAL** (1908–1931). Im Alter von 23 Jahren erschoss sie sich mit der Pistole ihres Onkels in ihrer gemeinsamen Münchner Wohnung. Beerdigt wurde sie am Wiener Zentralfriedhof in der Arkadengruft Nummer 9 gegenüber dem Portal zur Lueger-Kirche. Laut Historikern war sie die einzige große Liebe des späteren Diktators, über die Details der Beziehung sind sie uneins. Darum ist die Rolle von Raubal genauso legendenumrankt wie der Verbleib ihrer sterblichen Überreste. Ihre Gebeine wurden nach Kriegsende in ein Reihengrab, am Rande des Friedhofs, übersiedelt. Wo sich ihre letzte Ruhestätte heute befindet, ist ungewiss.

Die besondere Aura, die der Zentralfriedhof nach Sonnenuntergang ausstrahlt, in Kombination mit unbekannten, spannend-makabren Geschichten hat uns nachhaltig beeindruckt.

WEITERE TIPPS

DER ZENTRALFRIEDHOF SPONTAN

Fiaker fahren auf dem Zentralfriedhof: Die urwienerischste Art, den Zentralfriedhof zu erleben, ist eine Fahrt mit dem Fiaker. Der Kutscher übernimmt die Rolle des Guides und macht auf Wunsch Fotostopps. Die Tour dauert etwa eine Stunde, der Standplatz befindet sich gleich rechts hinter dem Haupteingang bei Tor 2. Gefahren wird von April bis Oktober, Reservierungen sind nicht erforderlich. Einsteigen, und los geht's.

www.fiaker-wulf.at

~

Unterwegs per pedes oder mit dem Fahrrad: Für Fans des Analogen empfehlen wir den Zentralfriedhofsplan, den man beim Portier am Eingang des Hauptportals (Tor 2) günstig erstehen kann. Für das Smartphone eignen sich die Hearonymus-App und der Audioguide „Wiener Zentralfriedhof", die interaktiv über das Gelände führen. Die App wird auf das Smartphone heruntergeladen und navigiert über die Begräbnisstätte. Auch Fahrradfahren ist auf dem Areal erlaubt.

www.friedhoefewien.at

KULTURELL

Das Bestattungsmuseum besuchen: Wenige Schritte vom Haupteingang entfernt befindet sich das Bestattungsmuseum, das eine Sammlung von über 250 Objekten an 30 Stationen rund um das Sterben, den Tod und die „schöne Leich" präsentiert. Unsere Highlights: der wiederverwendbare Josephinische Sparsarg, ein Sitzsarg und das Modell einer Leichentram. Ein spezieller Teil der Ausstellung widmet sich dem Zentralfriedhof.

www.bestattungsmuseum.at

SPEZIALTIPP

Probeliegen im Sarg: Einmal jährlich während der Langen Nacht der Museen darf man in einem Sarg probeliegen. Dieses Erlebnis zelebrieren Freundinnen und Freunde des Makabren auf der gegenüberliegenden Seite der Simmeringer Hauptstraße in der Zentrale von Bestattung und Friedhöfe Wien.

langenacht.orf.at

WIEN SPONTAN

AM WOCHENENDE

An den schönsten Tagen der Woche darf man es auch mal etwas gemütlicher angehen.

1 DAS ÄLTESTE KLOSTER WIENS BESUCHEN

Das Schottenstift ist das älteste Kloster Wiens und beherbergt neben dem Stiftsarchiv, einem Klosterladen und einer Stiftsbibliothek auch ein Museum mit sakralen Schätzen. Die kostbarsten Ausstellungsstücke sind die Tafeln des Schottenaltars, die im 15. Jahrhundert von einem unbekannten Maler gefertigt wurden. Das Besondere daran: Es handelt sich hierbei nicht nur um eine der ältesten, sondern auch um eine topografisch richtige Darstellung des mittelalterlichen Wiens. Museum: Donnerstag bis Samstag, 11–17 Uhr. Stiftsführung: jeden Samstag, 14.30 Uhr.

www.schotten.wien

2 VOM SONNWENDVIERTEL ZUM HEURIGEN FAHREN

Laut den Autoren Beppo Beyerl und Thomas Hofmann („Wien entdecken mit der Bim") ist die schönste Straßenbahnfahrt Wiens jene mit dem D-Wagen. Sie führt vom Hauptbahnhof nach Nussdorf: Vorbei am Schloss Belvedere, etlichen Ringstraßenbauten, der Müllverbrennungsanlage Spittelau, deren Fassade von Friedensreich Hundertwasser künstlerisch gestaltet wurde, und dem Karl-Marx-Hof, dem längsten zusammenhängenden Wohnbau der Welt. Bei der D-Endstation befand sich die Einstiegsstelle der Zahnradbahn, die bis 1922 auf den Kahlenberg (→ Seite 46 ff.) fuhr.

3 DIE FREILUFTGALERIE AM DONAUKANAL

Entlang des Ufers am Donaukanal (→ Seite 170) leuchten an den Wänden überdimensionale Monster, Figuren und freche Botschaften. Seit 1984 gibt es rund um das Lokal Flex die erste Wand für behördlich erlaubte Graffiti in Wien. Die Stadt bietet im Rahmen des Projekts „Wiener Wand" legale Sprühflächen an, die jeweils mit einer Taube gekennzeichnet sind, am Donaukanal finden sich vier davon: Neben dem Flex, zwischen der Roßauer- und der Augartenbrücke, bei der Mooslackengasse und beim Ausgang U4-Roßauer Lände. In der Stadt gibt es mittlerweile über 20 legale Sprühstandorte.

www.wienerwand.at

Zu Mittag paradieren die historischen Ankeruhr-Promis gemeinsam.

4 AUF DER ANKERUHR DIE ZEIT ABLESEN

Die Jugendstiluhr auf dem Hohen Markt ist eigentlich eine Brücke zwischen zwei Gebäuden, die als Ankeruhr Berühmtheit erlangte. Im Stundentakt ziehen zwölf historische Persönlichkeiten der österreichischen Geschichte, darunter Kaiser Marc Aurel, Maria Theresia und Joseph Haydn, an einem 16 m^2 großen Kreismosaik aus Glas, Metall und Marmor vorbei. Untermalt wird das Prozedere jeweils von einer der Epoche angepassten Musikbegleitung. Der Höhepunkt ist um 12 Uhr mittags, dann paradiert das bedeutende Dutzend aus Kupfer gemeinsam.

5 SISI AUF AUGENHÖHE GEGENÜBERSTEHEN

Wer wissen möchte, wie die Kaiserin von Österreich wirklich ausgesehen hat, kann sich im Madame Tussauds ein möglichst reales Bild machen. Die Wiener Niederlassung des Wachsfigurenkabinetts im Prater wird von über 80 Promis bevölkert, da darf Sisis Alter Ego nicht fehlen. Jede dieser Figuren wird in einem aufwendigen Verfahren produziert. Die Promi-Doubles tragen echtes Haar, von dem jedes einzelne mit einer Nadel am Kopf angebracht wurde. Seit Neuestem spricht Sisi auch als 3D-Projektion zu den Besuchern.

www.madametussauds.com/wien/

Die Grätzl der Stadt kulinarisch
entdecken – und den Charakter
der Stadt erschmecken

Spontan MIT PLAN

KULINARIK & GENIESSEN

Oben: „Die Kochdame" bereitet in ihrem Bistro außergewöhnliche Speisen zu.
Unten: Das kaiserliche Frozen Yoghurt mundet uns königlich.

EAT THE WORLD

KULINARIK GENIESSEN

Familientipp →

Kulinarisch und kulturell ein Grätzl ergründen

Schön- und Schlechtwetter / Erwachsene / Dauer: 3 Stunden / Termine laut Webseite / U4 und U1 Karlsplatz / 4. Bezirk (wahlweise auch 2. oder 8. Bezirk) / Eat the World

„Woher kommt der Name ‚Wieden'?" Guide Anna Geisler hält eine Abbildung des Bezirkswappens in den Händen und schaut fragend in die Runde. Der Weidenbaum auf dem Wappen führt die Gruppe auf die falsche Fährte. Die richtige Antwort ist **„WIDEM"**, das im Mittelalter „gestifteter Pfarrhof oder Kloster" bedeutete. Hinter Anna dehnt sich die dekorative Karlskirche mächtig in die Breite, vor ihr chillt Bobo-Volk rund um den Teichbrunnen. Hier ist der Startpunkt unserer **EAT THE WORLD-TOUR**, einer kulinarisch-kulturellen Entdeckungsreise durch das Grätzl. Quasi als Einführung erzählt die Quirlige Bekanntes und noch viel mehr Unbekanntes über die unmittelbare Umgebung. Wer weiß schon, dass die Brüder **JOHANN STRAUSS SOHN** und **JOSEF STRAUSS** vor ihrer Musikkarriere den Vorläufer der Technischen Universität besuchten und Letzterer Straßenkehrmaschinen erfand? Danach wandeln wir gemeinsam quer durch die Wieden und stoppen bei lukullischen Kleinoden, an unbekannten Ecken und auf historischen Schauplätzen.

SECHS KULINARISCHE PERLEN

Im Laufe des Nachmittags verkosten wir Spezialitäten in sechs Lokalen und Geschäften. Internationales Flair wechselt mit Lokalkolorit, Süßspeisen mit Pikantem. Kaiserliches Frozen Yoghurt kitzelt im **WUNDERLADEN MODECAFÉ**, einer Melange aus Concept Store und Kaffeehaus, unsere Gaumen. Inhaberin Sabrina Abrahams reicht „Karl's Bio Frozen Yogurt", benannt nach

UNTERWEGS

MIT PLAN

EAT-THE-WORLD-TOUREN
Die Touren des Anbieters Eat the World führen abseits der ausgetretenen Touristenpfade durch verschiedene Bezirke. Neben der Wieden werden derzeit auch kulinarische Führungen durch die Leopoldstadt und die Josefstadt angeboten. Eine Reservierung ist nötig, Nahrungsmittelunverträglichkeiten und Essensvorlieben werden berücksichtigt, wenn man sie zuvor bekannt gibt.

www.eat-the-world.com

Herzstück der Tour ist die energiegeladene Anna Geisler, die mit ihrer Begeisterung für Wien ansteckt und höchst amüsant und kurzweilig durch das Grätzl führt.

Kaiser Karl VI., je nach Gusto mit klein geschnittenen Mannerschnitten, Punschkrapferl, Vanillekipferl oder Sachertorten, über den Tresen. Im **RIO GOSTOSO**, der einzigen Tapiocaria Wiens, wird brasilianisches Streetfood zubereitet. Tapioka ist glutenfreies Stärkemehl, das auf einer Platte erhitzt und mit verschiedensten Zutaten gefüllt wird. Klingt unspektakulär und schaut auch so aus, schmeckt aber sensationell. Eine Geschmacksexplosion erwartet uns ebenso bei Judith Ausserbrunner alias **DIE KOCHDAME**. In ihrem veganvegetarischen Slow-Food-Bistro richtet sie Speisen aus saisonalen, regionalen und nachhaltigen Produkten akribisch mit einer Pinzette an. Beim nächsten Stopp naschen wir Proben der **23 WIENER BEZIRKSHONIGE**, die jeweils einzigartig schmecken. Gegen Ende der Tour verwöhnen Rote Rüben-Kren-Aufstrichbrote in einem **GEMÜSE-RARITÄTEN-GESCHÄFT** und die Tacos eines hippen **BURRITO-LOKALS** unsere Gaumen.

WO MOZART SEIN MEISTERWERK SCHUF

Zwischen jedem Kulinarik-Stopp unterhält uns Anna am laufenden Band mit kurzweiligen Anekdoten und wissenswerten Fakten über den Bezirk. So hat Wolfgang Amadeus Mozart **DIE ZAUBERFLÖTE** auf der Wieden komponiert und sie wurde auch hier uraufgeführt. Daran erinnert ein hübscher Brunnen, auf dem sich Pamina an den flötenden Tamino schmiegt.

Vor der Paulanerkirche steht ein unscheinbares Denkmal, an dem wir ohne unsere Fremdenführerin achtlos vorbeigegangen wären. „**IRENE HARAND** war eine bemerkenswerte Frau, die leider fast vergessen wurde“, erzählt sie. Die Autorin schrieb in den 1930er-Jahren mit dem Buch

„Sein Kampf. Antwort an Hitler“ eine scharfe Entgegnung an Hitler. Nach dem Anschluss Österreichs an Nazideutschland floh sie über Großbritannien nach New York und rettete von dort aus rund 100 Jüdinnen und Juden das Leben.

Auf der Wieden steht auch jenes Haus, in dem **KRONPRINZ RUDOLF** die letzte Nacht vor seinem Selbstmord verbracht hat. Seine langjährige Geliebte, die Edelprostituierte Mizzi Kaspar, hatte hier ihr Domizil. Gleich gegenüber ist der Eingang zur **HEUMÜHLE**, die als der älteste Profanbau Wiens gilt. Die Grundmauern der ehemaligen Wassermühle stammen aus dem 14. Jahrhundert.

Zwischen Naschmarkt und Karlsplatz liegt das angesagte **FREIHAUSVIERTEL**, das seinen Namen einem großen und mittlerweile abgerissenen Wohnkomplex verdankt, der im 17. Jahrhundert erbaut worden und mit den Privilegien der Steuerfreiheit und der eigenen Gerichtsbarkeit gesegnet war. Unzählige Geschichten gibt es über die Wieden zu erzählen, und fast scheint es, Anna kennt sie alle.

SPONTAN IN WIEN

Im versteckten Parkjuwel Erholung suchen: Unauffällige Durchgänge führen in ein kleines Parkidyll: Kinder toben auf Spielgeräten, Familien veranstalten Picknicks, die grauen Wände der Wohnhäuser verstecken sich hinter Kletterpflanzen. Der Planquadrat-Garten ist eine 5000 m^2 große Oase inmitten eines Häuserblocks im 4. Bezirk und hat eine außergewöhnliche Geschichte. Mitte der 1970er-Jahre wurde die Grünanlage, die aus ursprünglich 34 einzelnen Innenhöfen bestand, dank einer Initiative von Anrainerinnen, Politikern und ORF-Mitarbeiterinnen geschaffen und wird als einziger Park in Wien von den Nutzern selbst verwaltet. Der Verein organisiert auch Kindertheater, Flohmärke und Feste.

planquadrat.weebly.com

WISSENSWERT

Über Antonio Vivaldis Grab studieren: Wussten Sie, dass sich das Grab des berühmten venezianischen Komponisten Antonio Vivaldi (1678–1741) am Karlsplatz direkt unter dem Hauptgebäude der Technischen Universität Wien (TU) befindet? 1740, sein Stern befand sich bereits im Sinkflug, war das Musikgenie nach Wien gezogen. Hier starb er einsam, nur zehn Monate nach seiner Ankunft. Beerdigt wurde er am Bürgerspital-Gottesacker in einem Armengrab, den Friedhof hat man später aufgelassen. An jener Stelle steht heute die TU. Auf der Fassade des Gebäudes ist eine Gedenktafel für Vivaldi angebracht.

WEITERE TIPPS

Oben: Im stilvollen Café Dogenhof wird Sauerteig-Bruschetta kredenzt.
Unten: Delikates aus Italien in der Enoteca Amici Miei am Vorgartenmarkt.

GUSTO GUERILLA

Ein zwölfgängiges Menü quer durch die Bezirke verkosten

Schön- und Schlechtwetter / Erwachsene /
Dauer: bis zu 7 Stunden / 11–18 Uhr / je nach Tour
unterschiedliche Bezirke / Gusto Guerilla

Schwammerlcappuccino und Mascarponecreme mit Quittenragout, so hedonistisch starten wir in der Bäckerstraße im **RESTAURANT SPECHT** den Gusto-Guerilla-Trip. Wir dürfen aus fünf raffinierten Schmankerln eines wählen. Die Portionen sind klein, schmecken aber vorzüglich. Das ist in Ordnung, wir brauchen noch viel Platz im Magen. In den folgenden sieben Stunden warten in weiteren elf Lokalen unterschiedlichste Häppchen auf uns.

Die Gusto-Guerilla-Tour ist ein von Scouts zusammengestellter **KULINARISCHER STREIFZUG**, bei dem die bis zu 300 Teilnehmerinnen und Teilnehmer an einem Tag zwischen 11 und 18 Uhr rund ein Dutzend Lokale in Wien abklappern. In den Restaurants, Cafés und Feinkostläden werden sie mit Kostproben bewirtet. „Bei der Auswahl der Locations achten wir darauf, dass sie nachhaltig, saisonal und regional sind. Am besten steht die Inhaberin oder der Wirt selber im Geschäft", erklärte uns Gusto-Guerilla-Betreiber Stefan Knoll im Vorfeld. Wenige Tage vor der Tour schickt er uns eine Liste mit den teilnehmenden Betrieben, einen Link zum Google-Maps-Routenvorschlag und zwei Festivalbänder für das Handgelenk. Guide gibt es keinen, die Reihenfolge bestimmen wir selbst. Die Gusto-Guerilla-Anlaufstellen sind diesmal über sechs Innenstadtbezirke (mit Schwerpunkt Leopoldstadt) verstreut, die Route radoptimiert, aber auch mit den Öffis zu bewältigen. Wir entscheiden uns für das Fahrrad und kommen rascher als Öffi-Nutzerinnen voran. Das konnten wir dank unserer „Guerilla-Buddies", zwei befreundete junge

UNTERWEGS

MIT PLAN

GUSTO GUERILLA

Die Touren werden von März bis Oktober einmal pro Monat organisiert. Das Konzept sieht vor, die teilnehmenden Geschäfte und Lokale regelmäßig auszutauschen. Termine werden rechtzeitig auf der Webseite oder via Newsletter bekannt gegeben. Für Kinder bis zwölf Jahre ist die Teilnahme gratis. Falls Fleischgerichte angeboten werden, stehen vegetarische Alternativen zur Verfügung. Manchmal finden auch spezielle Themen-Touren, etwa eine Vegan-Tour, statt.

www.gustoguerilla.at

Bei der Gusto Guerilla-Tour lernten wir im Laufe eines Nachmittags etliche Locations, famose Speisen und Getränke und unbekannte Ecken Wiens kennen, obendrein kamen wir mit vielen Leuten ins Gespräch. Der Tag war eine Mega-Hetz!

Frauen und eine trinkfreudige sechsköpfige Gruppe, testen. Wir treffen die uns unbekannten Teilnehmer das erste Mal im Specht, unsere Wege kreuzen sich an diesem Nachmittag noch acht- bis neunmal. Sie legen die Route in der gleichen Reihenfolge wie wir zurück, allerdings mit den Wiener Linien. Wir halten uns in den Locations meist länger auf als andere Guerillas, Fotografieren und die Gespräche mit den Wirten nehmen zusätzlich Zeit in Anspruch. Trotzdem holen wir die beiden Teams im Laufe des Tages immer wieder ein.

EIN LUKULLISCHES POTPOURRI

Im italienischen **BISTRO SOFÁRE** in der Hollandstraße tischt der Betreiber ein sizilianisches Nudelgericht mit Mandeln und Pecorino auf, im **RESTAURANT WOHNKÜCHE** im 20. Bezirk, bekannt für heimische Küche mit internationalen Einflüssen, wird Sellerie-Vanille-Suppe mit marinierten Äpfeln serviert. **DER BURGENLÄNDER**, eine Greißlerei im Nordbahnviertel, kredenzt Grammelpogatscherl und Sturm, im **VORGARTENMARKT** kosten wir uns auf drei Ständen durch italienische Feinkost, Teigtaschen mit Beerenfüllung und fermentiertes Gemüse. Mit Sauerteig-Bruschetta aus dem Holzofen wartet das stilvolle **CAFÉ DOGENHOF** in der Praterstraße auf, verschiedene Currygerichte bietet der Feinkostladen **CURRY ME HOME** im 3. Bezirk. Gegen Ende der Tour verkosten wir in den Bezirken 4 bis 6 belgisches Bier, italienische Weine und ein Eis-Keks-Sandwich. Unser Abschluss ist eine chillige Bar, in der wir hängen bleiben. Die Idee hatten mehrere Gusto Guerillas, das Lokal ist knackevoll.

WEITERE TIPPS

WIEN SPONTAN

Innovative Produkte verkosten und bewerten: Wer gerne kulinarische Neuheiten ausprobiert, wird das Verkostungslokal **Tastery** in der Schottenfeldgasse schätzen. Hier werden gratis Kostproben von Speisen und Getränken offeriert, in den Regalen findet sich nicht Alltägliches wie Wiener Bratapfelsirup, Zwetschke mit Zimt und Blattgold, eingelegte Schnecken oder Quittenschaumwein. Die Konsumentinnen stimmen mit einer Bewertungs-App ab, damit die Hersteller, meist Kleinerzeuger und Start-ups, Feedback erhalten, bevor sie die ersten Schritte in den Handel wagen. Rund 30 bis 40 Produkte werden zum Verkosten angeboten und auch vor Ort verkauft. Das Sortiment wechselt regelmäßig.

www.tastery.at

~

Shoppen im Schatzkistl: Das **'s Fachl** ist eine Idee aus Wien und eine Schatzkiste für alle, die abseits von Supermärkten gustieren und einkaufen möchten. Die Regale sind übereinandergestapelte Holzkisten, die mit Waren von regionalen Produzenten und Hobbybastlerinnen befüllt sind. Hier findet man Ausgefallenes wie steirische Weihrauchbrenner, Biosüßlupinenschrot, veganes Bratlfett oder eine Trachtentasche zur Lederhose. Das Fachl, also eine Holzkiste, wird von Kleinproduzenten für eine bestimmte Zeit angemietet, um selbst hergestellte Waren feilzubieten. Dadurch entsteht ein kunterbuntes Sortiment mit kreativen und ausgefallenen Artikeln, das häufig wechselt. Das Konzept ist mittlerweile an über zwanzig Standorten im deutschsprachigen Raum vertreten. Die Wiener Dependancen befinden sich in der Alserstraße 43 und im Auhofcenter.

www.fachl.at

WISSENSWERT

Wo die bebrillte Kuh mit dem Wolf spielt: Das Restaurant **Specht**, unser erster Guerilla-Stopp, hat eine historisch interessante Lage. Das Haus in der Bäckerstraße 12 wird von dem bekannten Fresko: „Allwo die Kuh am Brett spielt" geziert. Die Wandmalerei stammt vermutlich aus dem 16. oder 17. Jahrhundert und wurde im Zuge von Renovierungsarbeiten wiederentdeckt. Es zeigt eine Kuh mit Brille, die mit einem Wolf am Brett spielt. Um das tierische Fresko ranken sich verschiedene Deutungen und Sagen, so soll es auf die Konflikte zwischen Protestanten und Katholiken hinweisen. Eine andere Legende besagt, dass der Name auf „Hieronymus Kuh", einen einstigen Bewohner des Hauses, zurückzuführen sei. Dem gestrengen Wiener Stadtrichter, der sich mit Vorliebe dem Brettspiel hingab, soll ein Streich gespielt worden sein.

Oben: Das italienische Gefährt hat 10 PS, Zweitaktmotor und Faltdach.
Unten: Zwischen Stammersdorfer Weinreben genießen wir das süße Leben.

KULINARIK GENIESSEN

Mit einer Ape Calessino in die Weinberge tuckern

Schönwetter / Paare / Dauer: 3 Stunden / 12–19 Uhr /
U1 und U3 Stephansplatz, U1 und U4 Schwedenplatz /
1. Bezirk, Judengasse 4 / La Dolce Vienna

Mamma Mia! Unser Chauffeur Martin, passenderweise wie ein venezianischer Gondoliere mit einem blau-weiß gestreiften Shirt bekleidet, dreht den Zündschlüssel um, legt den Gang ein und gibt Gas. Wir sitzen auf der Rückbank und knattern mit dem kultigen Gefährt über das Kopfsteinpflaster im 1. Bezirk Richtung Ring. Die Leute schmunzeln und winken, eine Passantin lacht uns an und streckt ihren Daumen nach oben. Der coole Nachkriegsroller sorgt im Wiener Straßenbild für Furore. Fantastico!

Die original italienische **APE CALESSINO** hat 10 PS und wird seit den 1940er-Jahren in Italien hergestellt. Die Ape (ital. für Biene) ist ein wendiges dreirädriges Rollermobil mit Zweitaktmotor und Faltdach. Die Sitzbank ist eng, das Interieur entsagt jeglichem Brimborium, die Gangschaltung heischt kontinuierlich um Aufmerksamkeit. In der flotten Biene entpuppt sich jede Kurve als autonomes Erlebnis, der Fahrtwind bläst uns die Haare ins Gesicht. Obwohl wir nur dahintuckern, fühlt es sich an, als ob wir dahinbrettern, und das macht unheimlichen Spaß. Mit solchen Rollern genossen italienische Jugendliche in den 1950er-Jahren das „süße Leben“.

AUSG'STECKT IS

Nach rund 15 Minuten lassen wir den urbanen Berufsverkehr hinter uns und rollen durch die Floridsdorfer Peripherie Richtung **STAMMERSDORF.** Der nördlichste Zipfel Wiens liegt am Südosthang des Bisambergs und ist für seine rustikalen Heurigen und den dörflichen Charakter bekannt. In der

UNTERWEGS

MIT PLAN

LA-DOLCE-VIENNA-TOUREN MIT DER APE

Die Idee hinter den La-Dolce-Vienna-Touren ist, das italienische Lebensgefühl auch in Wien zu vermitteln. Neben dem Trip in die Weinberge bietet die Sightseeing-Agentur weitere Ape-Touren an, unter anderem auf den Nussberg, durch die City oder zur Alten Donau. Die Dauer ist unterschiedlich, die Ausflüge reichen von „piccolo" bis „grande". Das Premium-Picknick Rimini Nights (Bohemian Picknick mit Butler ab sieben Personen in den Weinbergen) dauert fünf Stunden. Bei individuell zusammengestellten Fahrten ist ohnehin vieles machbar. Auf Wunsch holt der Fahrer die Gäste von zu Hause ab, in einem Roller ist Platz für bis zu drei Passagierinnen. Die Touren müssen vorab gebucht werden.

www.ladolcevienna.at

steil ansteigenden Stammersdorfer Kellergasse säumen Buschenschanken den Weg, manche locken mit dem Slogan „Ausg'steckt is" und bewirten vereinzelte Gäste. Stammersdorf gehört im Gegensatz zu Grinzing den Einheimischen, Touristinnen und Touristen verirren sich kaum hierher.

In der Mitte des Hügels biegen wir links ein und rumpeln zwischen den Reben des Weinguts Christ zu einem hübschen Fleckchen Erde, das mit einem **GROSSARTIGEN PANORAMABLICK** über die Stadt aufwartet.

Unter einem schattigen Nussbaum breiten wir die bereitgestellte **PICKNICKDECKE SAMT PÖLSTERN** aus. Während wir den inkludierten, liebevoll zusammengestellten **PICKNICKKORB** auspacken und Wein, Wasser, eine Biojause, Trauben, Erdbeeren und eine Wassermelone aufdecken, absentiert sich Fahrer Martin.

Fern der Hektik der City genießen wir zwischen den Reben Wein, Snacks, die Ruhe und die makellose Aussicht. Nach rund eineinhalb Stunden Auszeit auf dem Weinberg werden wir wieder von unserem Chauffeur eingesammelt und tuckern mit der Ape zurück ins Zentrum.

„La dolce Vita" bezeichnet ein Lebensgefühl, das die den Italienern nachgesagte Lässigkeit und Lockerheit beschreibt. Die Ape-Touren sind eine originelle Art, besondere Orte in Wien zu erleben und eignen sich hervorragend für Paare.

WEITERE TIPPS

ITALIEN IN WIEN MIT PLAN

Den Code Leonardo da Vincis knacken: Die Minoritenkirche im 1. Bezirk ist seit 1784 im Besitz der Italienischen Kongregation und spirituelles Zentrum der italienischen Gemeinde in Wien. Im Inneren wandelt man auf den Spuren von Leonardo da Vinci. Hier hängt eine Reproduktion des „Letzten Abendmahls" in Originalgröße (9,18 m x 4,47 m) in Form eines Mosaiks, die besser erhalten ist als das Original in Mailand. Leonardos Code ist in Wien deutlicher zu erkennen als in Italien. All jene, die Dan Browns Bestseller „The Da Vinci Code" (deutscher Titel: Sakrileg) gelesen haben, kennen Leonardos Geheimnis. Achtung, Spoiler: Der Künstler hat Maria Magdalena angeblich als Jüngerin gemalt. Wer mehr erfahren möchte: Die Minoritenkirche ist auch Ausgangspunkt der Tour „Geheimnisvoller Da Vinci Code in Wien".

www.minoritenkirche-wien.info, wienfuehrung.at

~

Durch das italienische Wien reisen: Die österreichische Hauptstadt ist italienischer, als wir uns vorstellen. Das behauptet zumindest der in Italien geborene Fremdenführer Mario Casalone, der sich dreimal pro Woche zweieinhalb Stunden lang in der Wiener Innenstadt auf die Spuren seiner Landsleute begibt. Bei seinen Touren berichtet er über italienische Künstler, Führer, Abenteurer, Prediger und Musiker, macht auf italienische Kunst und Architektur aufmerksam und nimmt sich des Themas an, mit dem wir unsere südlichen Nachbarn am liebsten in Verbindung bringen: Essen!

www.mariovienna guide.com

ITALIEN IN WIEN SPONTAN

Bei der Pastaproduktion kiebitzen: In der Nudelmanufaktur Pasta...e Basta werden Teigwaren frisch und ohne Konservierungsmittel zum Mitnehmen oder zur Sofortkonsumation in einem Nebenraum des Lokals fabriziert. Vom Gastbereich kann man durch eine Glasscheibe in die Produktionsstätte linsen. Das Restaurant samt Weinbar, Geschäft und Schanigarten liegt zentral im ersten Bezirk, die Gerichte sind schmackhaft und erschwinglich.

www.pastaebasta.at

~

Die weltbeste Pizza aus Wien schlemmen: Francesco Calò wurde bei der 6. DOC-Pizzaweltmeisterschaft 2019, die in der Provinz Salerno abgehalten wurde, zum weltweit besten Koch neapolitanischer Pizzen gekürt. Er konnte sich mit seiner Pizza Margherita, der Pizza Classico und seiner eigens kreierten Gourmet-Pizza in drei von 14 Wettbewerben durchsetzen. Wieso wir das hier erwähnen? Weil Calò seine weltbesten Pizzen in Wien bäckt. Er ist der Inhaber des Restaurants „Via Toledo" in der Josefstadt.

viatoledo.at

Rund zwanzig Schokoladesorten verkosten wir an einem Abend.

SCHOKOV

KULINARIK GENIESSEN

Preisgekrönte Schokolade aus Neubau naschen

Schön- und Schlechtwetter / Erwachsene / Dauer: 1 ½ Stunden / Termine laut Webseite / Straßenbahnlinie 49 Siebensterngasse / 7. Bezirk, Siebensterngasse 20 / Schokov

„Die Kakaobohne ist eines der gesündesten Lebensmittel“, sagt Thomas Kovazh, während er eine Schüssel mit Kostproben herumreicht. „Das ungesunde bei Schokolade ist der beigefügte Zucker.“ Bei den abendlichen **VERKOSTUNGEN**, die er in unregelmäßigen Abständen in seinem kleinen Süßwarenladen Schokov in Neubau veranstaltet, geht es nicht nur um den Geschmack von Schokolade, sondern auch darum, das Image der ungesunden Kalorienbombe zu korrigieren. „Grundsätzlich gilt: Je dunkler die Schokolade, desto weniger Zucker ist drinnen und desto weniger Kalorien hat sie.“

Jeder von uns acht Naschkatzen darf eine Tafel für die Verkostung auswählen. Wir gustieren lange, die Entscheidung fällt schwer. Die Helle aus Frankreich mit Karamellcreme und Salzbutter? Die spanische Dunkle mit Olivenöl? Die Zartbitter mit kandierten Veilchen? Oder doch die Vollmilchschokolade mit Apfelstrudelgeschmack? Nachdem alle Schleckermäuler ihre Wahl getroffen haben, stockt Thomas auf zwanzig Sorten auf. Nun kosten wir uns durch und beginnen mit den Hellen, die nur aus Kakaobutter bestehen. Danach lassen wir uns die Milch- und am Ende die dunklen Schokoladenstückchen so lange auf der Zunge zergehen, bis sie ihre Aromen freisetzen. Dazu wird Weiß- und bei herberen Sorten Rotwein serviert. Welche Schokolade am besten mundet, ist schwer zu sagen, jede ist für sich eine kleine **GESCHMACKSEXPLOSION**. Final kosten wir eine Hundertprozentige, die nicht jedermanns Sache ist. Sie enthält weder Gewürze noch Nüsse und nur den Fruchtzucker der Kakaobohne, dafür ist sie die Gesündeste.

UNTERWEGS

MIT PLAN

SCHOKOLADEVERKOSTUNG IM SCHOKOV

Pro Jahr finden rund 20 bis 25 Schokoladeverkostungen im Schokov statt, einige davon in der Siebensterngasse, die anderen in der Filiale am Rudolfsplatz im 1. Bezirk (Schokov in the City). Voranmeldung ist erforderlich.

www.schokov.com

Unglaublich, wie mannigfaltig Schokoladen schmecken können. Die Verkostung war ein Genuss und die Stimmung während der Veranstaltung dank der vielen freigesetzten Glückshormone ausgezeichnet!

INSPIRATION DURCH KRÄUTERWANDERUNGEN UND REISEN

Seit 2006 betreibt der Chocolatier am Spittelberg seine süßen Geschäfte, und seit damals kommt jedes Jahr eine von ihm selbst kreierte Sorte hinzu. Mittlerweile stehen **15 EIGENPRODUKTIONEN** im Shop. Die Bioschokolade aus Wien findet auch im Ausland Beachtung und konnte schon einige **CHOCOLATE AWARDS** einheimsen. Der Laden ist in ein österreichisches und ein internationales Territorium unterteilt, das gesamte Sortiment umfasst 250 Sorten. Kundinnen und Kunden können einen Besuch mit einer Spontanverkostung verbinden, jeweils sechs Geschmacksrichtungen zum Probieren sind angerichtet.

„Bei einer Kräuterwanderung hat der Guide erzählt, dass man Tannennadeln essen kann. So kam ich auf die Idee für unsere Nummer zehn“, erinnert sich Thomas. Die **WACHOLDER & TANNENNADEL-SCHOKOLADE** sei auch sein persönlicher Favorit. Für die Zwölfer (mit **LAVENDEL UND ANIS**) ließ er sich auf einer Frankreichreise inspirieren, die Eingebung für Nummer 15 (mit **ZITRONENGRAS UND PIMENT**) kam ihm bei einem Besuch in einem asiatischen Restaurant. Das Credo des laut Eigendefinition „Schokoladebesessenen“ lautet: „Ich will die Menschen mit Schokolade glücklich machen.“

WEITERE TIPPS

WIEN MIT PLAN

Zuckerlmacherinnen bei der Arbeit zuschauen: In der kleinen Bonbon-Manufaktur „Zuckerlwerkstatt“ im 1. Bezirk werden Zuckerl in Handarbeit nach alten Rezepten, die zum Teil aus dem 18. Jahrhundert stammen, hergestellt. Die Mitarbeiterinnen färben die Zuckermasse und kühlen sie auf Granitplatten. Nach diesem Arbeitsschritt kneten, ziehen, schneiden und formen sie, bis bunte Lollis und Bonbons mit unterschiedlichen Motiven entstehen. Selbst Schriftzüge werden in die Zuckerl eingearbeitet. Dabei ist Zuschauen ausdrücklich erwünscht. Die Spezialität der Werkstatt ist übrigens das berühmte Wiener Seidenzuckerl.

www.zuckerlwerkstatt.at

~

Mozartkugeln in Wolferls Wohnhaus formen: Im zentral gelegenen Museum Mozarthaus Vienna befindet sich die einzige bis heute erhaltene Wiener Wohnung des Komponisten. Kurioserweise gibt es hier auch ein interessantes Angebot für Schokotiger. Erwachsene und Kinder können an Führungen in Kombination mit Mozartkugel-Workshops teilnehmen und dabei das Konfekt aus Schokolade, Pistazien, Marzipan und Nougat selber formen.

www.mozarthausvienna.at/de/BESUCH/Kulturvermittlung/Workshops

Das Pralinen-Handwerk von der Meisterin lernen: Die mehrfach ausgezeichnete Chocolatière Gesa Weitzenböck fertigt in ihrer Manufaktur „bitter süss“ in Mariahilf köstliche Schokolade, Pralinen und Trüffel aus biologischen und fair gehandelten Zutaten. Ihr umfangreiches Wissen über dieses Handwerk gibt sie in ihren Workshops weiter. Sowohl Kinder- als auch Erwachsenenkurse dauern jeweils viereinhalb Stunden.

www.bitter-suess.at

WISSENSWERT

Das Schokoladenhaus in Hietzing: Im Volksmund bezeichnen die Wiener den ungewöhnlichen Jugendstilbau in der Wattmanngasse 29 im 13. Bezirk als Schokoladenhaus, manchmal auch als Lebkuchenhaus. Otto-Wagner-Schüler Ernst Lichtblau errichtete das dreigeschoßige Mietshaus 1914 und versah Teile der Fassade mit Majolika, einer Keramikverkleidung mit Zinnglasur. Die dunkelbraunen, glänzenden Figuren und Blumen erinnern frappant an Schokolade.

Enge Wendeltreppen führen uns
in verborgene unterirdische Weinkeller.

KULINARIK
GENIESSEN

In versteckten Gewölben den Wiener Wein verkosten

Schön- und Schlechtwetter / Paare, Freunde, Singles / Dauer: ca. 2 ½ Stunden / 15 Uhr / U1 und U3 Stephansplatz / verschiedene Stationen im 1. Bezirk / 365days in Vienna

„I muaß im frühern Lebn
eine Reblaus gwesen sein
Ja, sonst wär die Sehnsucht nicht so groß
nach einem Wein."
(Text: Ernst Marischka)

Jeder kennt das Lied, mit dem Volksschauspieler Hans Moser einst den Wienerinnen und Wienern aus der Seele nuschelte. Ist die österreichische Hauptstadt doch die einzige Metropole weltweit, die innerhalb der Stadtgrenzen ökonomisch relevanten Weinbau betreibt. Auf 700 Hektar keltern Winzer rund zwei Millionen Liter Wein pro Jahr, also einen Liter pro Kopf.

Ein weinseliges Dutzend steigt die Stufen in ein Gewölbe hinab bis ins vierte Untergeschoß, das sich 16 Meter unter dem Straßenniveau versteckt. Im schmucken, weil **REVITALISIERTEN KELLER** eines Hauses im 1. Bezirk offeriert uns ein Ober süffigen Stammersdorfer Riesling, die Tischchen sind mit erlesenen Imbissen gedeckt. Unser Guide Stefan präsentiert derweil einen hiesigen Stadtplan aus der Römerzeit. Das Militärlager Vindobona beherbergte vom 1. bis zum 5. Jahrhundert n. Chr. bis zu 6000 Soldaten und wurde von einer Mauer mit vier Toren begrenzt. „An diesem Ort befand sich das Osttor des Lagers. Manche der Steine hier unten sind wohl die Überreste des Torturms", erklärt er. Die Geschichte des Wiener Weins ist eng mit den Römern verknüpft. Die professionelle Winzerei in unserer Region soll dem römischen Kaiser **MARCUS AURELIUS PROBUS** (232–282) zu verdanken sein. Er hob im Jahr 280 das Verbot auf, in den nördlicheren Provinzen Rebstöcke anzupflanzen. In Österreich gilt er als Gründer des Weinbaus, im Heurigenort Grinzing wurde eine Gasse nach ihm benannt.

UNTERWEGS

MIT PLAN

VERSTECKTE WEINKELLER WIENS

Die Tour findet einmal wöchentlich (Freitag oder Samstag) statt, man kann sie aber auch ab einer Mindestteilnehmerzahl von vier Personen zu einem anderen Zeitpunkt buchen. In jedem der drei Keller werden Wein und Snacks serviert, die im Preis inkludiert sind. Eine Anmeldung ist erforderlich.

www.365days.at

In diesem Gewölbe ruht noch eine weitere steinerne Zeitzeugin. Die gut erhaltene **JOSEPHINISCHE SÄULE** im ersten Untergeschoß ist ein bemerkenswertes historisches Überbleibsel aus dem 18. Jahrhundert. Sie dokumentiert den Transport der alten **PUMMERIN** im Jahr 1711, die aus den zurückgelassenen Kanonen vom Türkenkrieg 1683 gegossen wurde. Sie wog über 22 Tonnen und hatte einen Durchmesser von 3,2 Metern. Der Transport der Fracht von der heutigen Burggasse zum Stephansdom war nur durch das voluminöse Rotenturmtor möglich. Um den Einsturz von Häusern zu vermeiden, ordnete Kaiser Joseph I. (1678–1711) an, dass die Keller entlang der Route mit Säulen verstärkt werden müssen. Dieser Stützpfeiler ist die letzte jener Säulen, die man noch besichtigen kann.

SÜNDIGES BADEHAUS UND ABENTEUERLICHE WENDELTREPPE

Unser nächstes Ziel führt uns in eine enge Gasse der Innenstadt. Im Haus mit der Nummer 5 befand sich im Mittelalter eine **BADESTUBE**, das Verhalten der Badenden soll recht schlüpfrig gewesen sein. Unser Weinkellerbegleiter hat als Beweis einen zeitgenössischen Stich aus dem 16. Jahrhundert mitgebracht, der das sündige Treiben in der Badestube darstellt.

Wir steuern ein Restaurant in der dahinterliegenden Gasse an. In dem urigen Lokal tapsen wir auf einer engen Wendeltreppe bis zu zwölf Meter unter Tage hinab. „Das hier ist kein klassischer Weinkeller, er wurde vor einigen Jahren adaptiert. Im 17. Jahrhundert war das eine **WOHNSTÄTTE FÜR BIS ZU 20 MENSCHEN** gleichzeitig", erzählt Stefan. Während er über die Historie des Gewölbes referiert, nippen wir an einem Glas Gemischter Satz und verspeisen appetitliche Häppchen.

Der letzte Umtrunk führt uns zu einem sagenumwobenen Haus, unter dem edle Weine und würziger Käse reifen. Hier ist der Sitz eines exklusiven **CLUBS FÜR WEINLIEBHABER**. Zutritt zu dem feudalen Weinkeller hat man nur mit einer Schlüsselkarte und einem Code. „Wer einen Weintresor oder eine Weinloge mietet, ist automatisch Mitglied und hat rund um die Uhr Zugang", erklärt uns Stefan. In den drei begehbaren Kellern lagern bis zu 25.000 Weinflaschen unter optimalen Bedingungen. Welch verborgenes Schlaraffenland …

Kurzweilig, lehrreich, guter Wein und feine Delikatessen.

WIEN MIT PLAN

Den kaiserlichen Weinkeller unter der Hofburg ergründen: Am letzten Sonntag im September findet der „Tag des Denkmals" statt: Nur an diesem Tag besteht die Möglichkeit, den dreigeschoßigen ehemaligen kaiserlichen Weinkeller unter dem Leopoldinischen Trakt der Wiener Hofburg zu besichtigen. Imposant ist das 73.100 Liter fassende Keramik-Betonfass aus dem Jahr 1878, das mit Wein für die Bediensteten des Hofes gefüllt war. Im Depot befinden sich rund 2200 Exponate, darunter Gipsfiguren von Kaiser Franz Josef I., Kaiserin Elisabeth, Leonardo da Vinci, Pallas Athene und Wolfgang Amadeus Mozart.

www.tagdesdenkmals.at

~

Den besten Tropfen des Abends küren: An einem Mittwoch pro Monat veranstaltet das Restaurant *Handwerk* in Wien-Neubau eine Wine Battle. Österreich tritt mit Speis und Trank gegen eine andere Nation an. Den Gästen wird ein fünfgängiges Menü mit zwei Gerichten (von jeder Nation eines) pro Gang serviert. Die Weine werden blind und ohne Hinweis auf die Herkunft verkostet. Die Teilnehmer wählen zu jedem Gang ihren Favoriten, am Ende wird ein Land zum Sieger gekürt.

www.handwerk-restaurant.at/de/events/winebattle

Winzerinnen vor den Vorhang holen: Die nächste Männerdomäne wird von Frauen aufgemischt: In der Josefstadt eröffnete die Schweizerin Madlaina Sladecek-Dosch bewusst am Internationalen Frauentag am 8. März 2021 Österreichs erste Vinothek, in der ausnahmslos Weine von Winzerinnen angeboten werden. Die Weinhandlung veranstaltet mehrmals pro Monat Verkostungen, um Anmeldung wird gebeten.

vinodea-weinhandlung.at

WISSENSWERT

Der Stephansdom wurde teilweise aus Wein gebaut: Wir Wiener bauen sogar unsere Kirchen mit Wein. In der Zeit, als der Nordturm des Stephansdoms errichtet wurde, gab es ein besonders schlechtes Weinjahr. 1443 war der Rebensaft so sauer, dass er auf die Straße geschüttet wurde. Kaiser Friedrich III. (1415–1493) verbot die Entsorgung des heiligen Getränks und befahl seinen Untertanen, das Gschloder zum Dom zu bringen, wo es zum Ablöschen von Kalk und zur Herstellung von Mörtel benutzt wurde.

WEITERE TIPPS

WIEN SPONTAN

FÜR PAARE

Romantische Tipps für entspannte Stunden zu zweit.

1 IM LUSTHÄUSCHEN DEM MÜSSIGGANG FRÖNEN

Das Salettl Pavillon liegt in der Hartäckerstraße nahe dem Cottageviertel (→ Seite 36) und ist ein lauschiges Lokal mit Blick auf den Wienerwald. Ein Schüler von Otto Wagner, der Architekt Friedrich Pindt, hat den achteckigen, dunkelbraun gestrichenen Holzpavillon 1932 im Art-déco-Stil erbaut. Später wurde das Salettl um eine verglaste Veranda und eine Laube erweitert. Im Hochsommer genießen die Gäste den Schatten der Bäume im Gastgarten, im Winter das heimelige Kerzenlicht in den Innenräumen. Einst bezeichnete man als Salettl ein romantisches Lusthäuschen, das vor allem von Liebespaaren und Hedonistinnen genutzt wurde.

Hartäckerstraße 80, 1190 Wien,
T +43 1 479 22 22

2 HEIRATSANTRAG IM FIAKER

Delikate Fiakerfahrten nannte man früher Porzellanfuhren. Der Fiaker lenkte das Gespann so sanft wie möglich über das Kopfsteinpflaster, um das Paar nicht zu stören. Die moderne Variante der Porzellanfuhr ist der Heiratsantrag in der Kutsche.

Der oder die Trauungswillige bekommt auf Anfrage Schützenhilfe vom Riding-Dinner-Team (→ Seite 41), das uns folgende Geschichte erzählt hat: Ein junger Mann wollte während der Tour um die Hand seiner Partnerin anhalten. Unter einem Vorwand („Ich muss Ihnen unbedingt den schönen Rosengarten zeigen") sorgte der mitfahrende Butler für einen Stopp beim Volksgarten. Vor dem Sisi-Denkmal, einem klassischen Rückzugsort für Verliebte, überraschte der Heiratskandidat seine Auserkorene mit dem Antrag, während der Butler sich um Speisen, Getränke und Erinnerungsfotos kümmerte. Bei so viel Romantik hat sie freilich „Ja" gesagt.

www.ridingdinner.com

3 DIE TÖNE DES WALDES ERLAUSCHEN

Die Lobau ist ein dichter Wald, in dem Tiersichtungen Glücksfälle sind. Im Nationalparkhaus wien-lobAU kann man Tiere garantiert akustisch wahrnehmen. In der Dauerausstellung tonAU sind neben den Tönen des Auwalds auch Baumgeschichten und Au-Märchen aus Baumstämmen, überdimensionalen Schilfhalmen oder aus der Wand zu hören. Im weitläufigen Garten befinden sich auch ein Abenteuerspielplatz und ein Lehrtümpel für Schulklassen. Das Nationalparkhaus bietet zudem verschiedene Führungen, Workshops und Exkur-

An der Alten Donau ist der Romantikfaktor hoch.

sionen an und ist Ausgangspunkt für zahlreiche Wanderwege und Fahrradrouten, die durch den Nationalpark führen.

www.nph-lobau.wien.at

4 IN DEN BAUCH VON WIEN EINTAUCHEN

Anekdoten, Kostproben und ein Blick hinter die Kulissen des Naschmarkts versprechen „Peters Naschmarkt Genuss-Spaziergänge". Während der zweistündigen Tour verrät Guide Peter Rezepte und Geheimnisse des Naschmarkts, die Teilnehmer dürfen verschiedene Delikatessen verkosten. Die Tour ist ab zwei Personen und im Voraus buchbar.

www.theagency.at

5 BEI MONDSCHEIN AUF DEM WASSER PICKNICKEN

Romantisch Veranlagte rudern, fahren oder treten während und nach dem Sonnenuntergang über das Wasser. Das Restaurant La Crêperie an der Oberen Alten Donau verleiht in den Sommermonaten Ruder-, Tret- oder Elektroboote für jeweils zwei Personen. Im Package enthalten sind ein Picknickkorb und eine Flasche Prosecco oder Champagner. Zur Verfügung stehen die Boote in den Sommermonaten von 17–19.30 Uhr oder von 20–22.30 Uhr.

www.lacreperie.at/mondscheinpicknick

Eintauchen in die Musik,
Malerei und Architektur der
Einheimischen – und zuhören,
schauen, staunen …

Spontan MIT PLAN

KULTUR & GESCHICHTE

Oben: Die Werke des Künstlers erzählen große und viele kleine Geschichten.
Unten: Timna Brauer präsentiert die Sammlung mit einer persönlichen Note.

ARIK BRAUER KUNST FÜHRUNG

KULTUR
GESCHICHTE

Von Familienmitgliedern durch Arik Brauers Privatsammlung geführt werden

Schön- und Schlechtwetter / Paare, Freunde / Dauer: 1 ½ Stunden / unterschiedliche Termine / 40A und 37A Cottagegasse / 18. Bezirk, Colloredogasse 30 / ARIK BRAUER Kunst Führung

„Diese Werke meines Vaters standen oft jahrelang in einem Lager, bis sie wieder öffentlich gezeigt wurden“, erzählt Timna Brauer. „Meine Mutter wollte das ändern und initiierte dieses **PRIVATMUSEUM**, das 2003 eröffnet wurde.“ Durch die Kunstsammlung in besagten Räumlichkeiten führen Arik Brauers (1929–2021) älteste Tochter Timna und seine Enkelin Jasmin Meiri-Brauer alternierend. Der Wiener Universalkünstler gestaltete die Ausstellung in dem dafür eigens errichteten unterirdischen Zubau im Garten seiner Villa, die im charmanten Cottageviertel (→ Seite 36 ff.) gelegen ist. Auf 200 m² werden seitdem **UNVERKÄUFLICHE EXPONATE** des Meisters, etwa Ölgemälde und Keramikskulpturen, bei Führungen mit einer sehr persönlichen Note präsentiert. „Als Kind dachte ich, dass alle Väter den ganzen Tag lang nur singen, malen und tanzen“, sagt Timna. „Ich durfte damals im Atelier während der Arbeit auf seinem Schoß sitzen und ab und an einen Punkt auf die Leinwand klecksen.“ Enkelin Jasmin teilt Erinnerungen an ausgedehnte Wanderungen mit dem Großvater im Wienerwald, seinem zweiten Zuhause. „Er kam dort zur Ruhe und fand sich auch ohne Navigationssystem zurecht.“

Der gebürtige Ottakringer war ein Vertreter der **WIENER SCHULE DES PHANTASTISCHEN REALISMUS.** Auffallende Merkmale seiner Gemälde sind die Leuchtkraft und die kräftigen Farben. Die Hauptfiguren sind nicht vom Hintergrund abgeschnitten, sondern damit verwoben. Diese Maltechnik nennt man **SFUMATO**, was so viel bedeutet wie verraucht. Die Exponate weisen unzählige Details auf, erzählen unisono eine große und viele kleine Geschichten. Die

UNTERWEGS

MIT PLAN

ARIK BRAUER KUNST FÜHRUNG

Die Kunstsammlung wird mehrmals pro Monat zu bestimmten Terminen abwechselnd von Tochter und Enkelin präsentiert. In den Sommermonaten kann auch der Skulpturengarten besichtigt werden, manchmal ist die Führung auch mit einem Konzert gekoppelt. Die Sammlung bleibt nicht statisch, die Werke werden kontinuierlich ausgetauscht. Die Veranstaltungen müssen vorab gebucht werden.

www.brauer-meiri.com

Die Sammlung wird im Privathaus des Künstlers von Familienmitgliedern präsentiert und ist dadurch ein besonderes Erlebnis. Timna und Jasmin Brauer teilen während der Veranstaltung ihre persönlichen Gedanken und Erfahrungen mit dem Vater und Großvater. Authentisch und berührend!

Farbschichten brauchen lange, um zu trocknen. Darum arbeitete der Wiener meist an mehreren Bildern gleichzeitig. Kehrte er nach ein paar Tagen zu einem Werk zurück, hatte er wieder neue Ideen. „Der Nachteil war, dass die Vollendung eines Kunstwerkes lange dauerte“, so Timna Brauer. Akte malte er kaum, lieber umhüllte er den menschlichen Körper mit Fantasiegewändern. „Auch die Ärmsten der Armen wirken in seinen Bildern wie Könige, das finde ich wunderbar.“

JUDENVERFOLGUNG, EMANZIPATION UND HUMORISTISCHES

Der Agnostiker ließ sich vom Alten Testament inspirieren, von der griechischen Mythologie, von Märchen, Sagen und dem Ottakringer Viertel, in dem er aufwuchs. Auch die Umwelt und die Frauenemanzipation beschäftigten den Künstler. Sein persönlichstes Thema war jedoch die Judenverfolgung. Während des Zweiten Weltkriegs musste er als jüdisches Kind untertauchen, sein Vater wurde 1944 in einem Konzentrationslager ermordet. Das Werk **„MEIN VATER IM WINTER“** zeigt einen Mann, der in eine blaue Decke gehüllt ist. Die Szenerie beruht auf einer wahren Begebenheit, laut einem Augenzeugen habe Brauers Vater die Decke kurz vor seinem Tod von einem Nazioffizier erhalten. Diesen kleinen Hauch von Menschlichkeit in einer unfassbar grausamen Zeit und Umgebung verewigte der Künstler vierzig Jahre nach dem Krieg. Brauers humoristische Seite beweisen die ausgestellten Keramikskulpturen. Die Figuren tragen Titel wie „Der Wadlbeisser“ oder „Auf der Suche nach dem G-Punkt“. 2017 schuf er das Ölgemälde „Mona Lisa im Alter von 80 Jahren“.

Laut Tochter und Enkelin hat Arik Brauer bis knapp vor seinem Tod jeden Tag rund sieben bis acht Stunden im Atelier gearbeitet. Als 91-Jähriger sagte er: „Ich male bis heute. Nicht weil ich so diszipliniert bin, sondern weil ich gar nicht anders kann."

WEITERE T TIPPS

WIEN SPONTAN

Brauer-Kunst in Mariahilf bestaunen: Das Hundertwasser-Haus im 3. Bezirk kennt jeder, das Arik-Brauer-Haus in der Mariahilfer Gumpendorferstraße 134–138 ist eher ein Geheimtipp. Der Künstler gestaltete das fünfstöckige Wohnhaus 1993 im Stil des Phantastischen Realismus für die Gemeinde Wien. Die Außenfassade des Gebäudes schmücken neben vielen Keramikelementen zwei „Fliesen-Mosaike", die gemeinsam rund 150 m^2 groß sind und laut Brauer „Das Ringen um Harmonie" ausdrücken. Auch im Eingangsbereich und im Inneren des Hauses legte er seine kreative Hand an.

www.arikbrauer.at/architektur

~

Die Ernst Fuchs-Villa bewundern: Neben Arik Brauer war auch Ernst Fuchs (1930–2015) einer der Hauptvertreter der Wiener Schule des Phantastischen Realismus. Der Universalkünstler Fuchs erwarb 1972 ein damals vom Abbruch bedrohtes Sommerpalais, das Otto Wagner auf einem Hang in Hütteldorf gebaut und mit seiner Familie bewohnt hatte, und nutzte es als Atelier. Die Villa ist von zwei Flügelbauten umschlossen, zum Eingangstor führt eine prächtige Freitreppe. Ernst Fuchs ist die Erhaltung, Sanierung und Restaurierung des Architekturjuwels zu verdanken. Seit 1988 ist die Villa auf Wunsch des Künstlers öffentlich zugänglich und heute als Ernst Fuchs-Museum bekannt.

www.ernstfuchsmuseum.at

WISSENSWERT

Die Wiener Schule des Phantastischen Realismus: Diese Strömung entwickelte sich in den 1950er-Jahren und orientiert sich an der technischen Perfektion der Alten Meister. Die Werke der Phantastischen Realisten sind nicht abstrakt, sondern zeigen unwirkliche, magische Motive. Als Begründer dieser Kunstrichtung gilt der Maler und Professor an der Akademie der bildenden Künste in Wien Albert Paris Gütersloh.
In seiner Meisterklasse unterrichtete er unter anderem Arik Brauer, Rudolf Hausner, Wolfgang Hutter, Anton Lehmden, Helmut Leherb und Ernst Fuchs, die 1959 gemeinsam im Belvedere ausstellten und damit ihren künstlerischen Durchbruch schafften.

Oben: Das Waldschloss war ein Geschenk des Kaisers an seine Gemahlin Sisi.
Unten: Das barocke Prunkbett stammt aus dem Besitz Maria Theresias.

WIEN MUSEUM HERMESVILLA

KULTUR GESCHICHTE

Die kaiserliche Villa und das kaiserliche Jagdrevier erkunden

Schön- und Schlechtwetter / Paare, Familien /
Dauer: ab einer Stunde / 10–18 Uhr / 56B Lainzer Tor /
13. Bezirk, Lainzer Tiergarten / Wien Museum Hermesvilla

Vom Schlafzimmer der Kaiserin führte die geheime Wendeltreppe ins Freie, damit die menschenscheue Elisabeth ihre Residenz unbeobachtet verlassen konnte. Obwohl sie das Waldschloss in Hietzing nicht sonderlich mochte, hielt sie sich in der Abgeschiedenheit des Lainzer Tiergartens lieber auf als in Schönbrunn. Kaiser Franz Joseph hatte ihr die **VILLA WALDRUH** 1884 geschenkt, um seine reiselustige Gemahlin in seiner Nähe zu halten. Der Erfolg war enden wollend. Der Herrscher ließ das Haus spartanisch einrichten, moderne Sanitärräume und ein Telefon wurden erst später installiert. Sisi gab nachträglich Änderungen in Auftrag, etwa die Hermesstatue auf der Gartenterrasse, die 1888 aufgestellt wurde. Von nun an trug das Refugium den Namen **VILLA HERMES.** Ab 1887 residierte die Kaiserin jedes Jahr im Hietzinger Wohnsitz, doch länger als ein paar Wochen hielt es die Ruhelose auch hier nicht. Eine ihrer unzähligen Reisen führte sie 1898 nach Genf, wo sie am 10. September erstochen wurde. Die letzten Zeilen ihres Mannes erreichten sie nicht mehr. Er hatte ihr geschrieben: „Daß (sic) du dennoch eine Art Heimweh nach unserer lieben Villa Hermes gefühlt hast, hat mich gerührt."

WARUM WALT DISNEY DIE HERMESVILLA RETTETE

Nach Elisabeths Ermordung erbte ihre jüngste Tochter Erzherzogin Marie Valerie das Schlösschen. Auf Umwegen gingen der Lainzer Tiergarten und die Hermesvilla nach dem Ersten Weltkrieg in den Besitz der Republik und später in das Eigentum der Stadt Wien über. Das imperiale Haus

UNTERWEGS

MIT PLAN

DIE HERMESVILLA

Die Hermesvilla ist die größte Außenstelle des Wien Museums, etwa einen Kilometer vom Lainzer Tor entfernt und in circa 15 Minuten zu Fuß erreichbar. Im Schloss werden Themenführungen für alle Altersgruppen angeboten. Zum Hermes Café Restaurant Labstelle gehört ein Schanigarten im Außenbereich der Villa.

www.wienmuseum.at/de/standorte/hermesvilla

blieb danach jahrzehntelang sich selbst überlassen. Die bitterarme Bevölkerung holte sich das Inventar und zerhackte es zu Brennholz, die Witterung setzte der Bausubstanz zu. Es verfiel und sollte schließlich abgerissen werden.

Als 1962 **WALT DISNEY** die Hermesvilla als Drehort für einige Szenen seines Films **DIE FLUCHT DER WEISSEN HENGSTE** wählte, wendete sich das Blatt, Hollywood lenkte die Aufmerksamkeit auf das vergessene Waldschloss. Der Wiener Bürgermeister Bruno Marek rettete das Gebäude und ließ es in den Jahren 1968 bis 1974 renovieren, um ein Jagdmuseum darin einzurichten. Doch daraus wurde nichts, seit 1971 ist die Hermesvilla eine **AUSSENSTELLE DES WIEN MUSEUMS**, das hier Ausstellungen präsentiert und Führungen anbietet.

Die **WOHNRÄUME DES KAISERPAARES** sind weitgehend wiederhergestellt und zu besichtigen. Im noblen **FESTSAAL**, in dem seinerzeit der russische Zar Alexander II. speiste, finden nun Hochzeiten statt. In den **KORFUSALONS**, in denen die Kaiserin einst das Inventar aus ihrer Villa in Griechenland hortete, werkeln heute die Mitarbeiterinnen eines Kaffeehauses. Die Umgebung der Villa, der Lainzer Tierpark, ist mittlerweile ein öffentlich zugängliches Naherholungsgebiet, der mit einer Fläche von 24,5 km² ungefähr ein Drittel von Hietzing ausmacht.

Obwohl kaum noch Originalgegenstände des Kaiserpaares in der Hermesvilla vorhanden sind, kann man bei der Besichtigung seiner Privatgemächer die so gegensätzlichen Charaktere des Paares noch immer erahnen. Die Kaiserin trainierte in einem **TURNZIMMER**, das mit Fresken im antiken Stil ausgemalt wurde. In ihrem Schlafzimmer steht ein **BAROCKES PRUNKBETT** aus dem Besitz Maria Theresias. Elisabeth hat nie darin geschlafen, sie bevorzugte ein einfaches Feldbett. Die Wand wird von einem Motiv aus Shakespeares **SOMMERNACHTSTRAUM**, dem Lieblingsstück der literaturbegeisterten Sisi, dekoriert. Die Räume von Franz Joseph wirken dunkler und nüchterner, ein Blickfang ist das Porträt von **KATHARINA SCHRATT**. Elisabeth hat das Gspusi zwischen ihrem Gemahl und der Schauspielerin höchstpersönlich eingefädelt, um ihren lästigen Pflichten zu entkommen. Die Schratt hat wesentlich mehr Zeit in der Hermesvilla verbracht als die Kaiserin.

Hier lassen sich Sightseeing und Naturerlebnis wunderbar kombinieren.

WEITERE T TIPPS

LAINZER TIERGARTEN MIT PLAN

Im Urwald die Kraft von riesigen Eichen fühlen: Seit Jahrzehnten wuchert ein Urwald mitten im Lainzer Tiergarten vor sich hin. Das Naturwaldreservat Johannser Kogel mit seinen bis zu 400 Jahre alten Eichen ist eine Besonderheit, manche der Giganten weisen einen Stammumfang von mehr als vier Metern auf. Um 45 Hektar des 70 Hektar großen Areals verläuft ein Zaun, der die Flora und Fauna des sich selbst überlassenen Waldes schützt. Lediglich fünf- bis achtmal pro Jahr finden Führungen statt, die Dauer beträgt etwa 3,5 Stunden. Alle Termine für das jeweilige Kalenderjahr werden im Frühjahr bekannt gegeben. Anmeldung beim Infozentrum Lainzer Tiergarten unter +43 1 4000-49200.

www.wien.gv.at/umwelt/wald/erholung/lainzertiergarten/freizeit/fuehrungen/johannser-kogel.html

LAINZER TIERGARTEN SPONTAN

Wie ein Kaiser über Wien blicken: Der sogenannte Wienblick bietet üppige Wiesen, ein sonniges Plateau mit Aussicht und ein paar Sitzgelegenheiten für die Rast. Am 14. Juli 2002 besuchte das japanische Kaiserpaar den Lainzer Tiergarten und betrachtete von jener Stelle aus die Stadt. Ein Gedenkstein, salutiert von zwei Bäumen, erinnert daran. Das Plateau soll sich auch hervorragend zum Drachensteigen eignen.

www.lainzer-tiergarten.at/plan.html

~

Beim Hirschgstemm einkehren: Früher wurden an diesem Ort Hirsche gefüttert, heute versorgt man Wanderinnen und Wanderer mit Hausmannskost. Das rustikale Gasthaus Hirschgstemm ist einer von drei Gastronomiebetrieben im Lainzer Tiergarten und liegt 30 Gehminuten vom Laaber Tor entfernt. Die Raststätte ist für seine Wildgerichte und den von Waldbäumen umgebenen Schanigarten bekannt, in dem es im Frühling Blüten regnen soll.

www.hirschgstemm.at

WISSENSWERT

Der arme Schlucker, der nie verarmte: In den Jahren 1782 bis 1787 wurde unter Kaiser Joseph II. die etwa 22 Kilometer lange Mauer rund um den Lainzer Tiergarten vom Maurermeister Philipp Schlucker gebaut. Angeblich unterbot er die Konkurrenz um ein Vielfaches. In Wien wurde befürchtet, der Mann werde ob seines Hungerlohns als Bettler enden. Der Ausdruck „Der arme Schlucker" hält sich seitdem hartnäckig, obwohl der Namensgeber in Wirklichkeit nie verarmte. Ein Teil der Schlucker-Mauer ist heute noch beim Pulverstampftor erhalten.

Oben: Die mehr als 100 Jahre Alte Schmiede ist Treffpunkt für Literaturfans.
Unten: In der Schönlaterngasse trieb laut Sage einst der Basilisk sein Unwesen.

ALTE SCHMIEDE KUNSTVEREIN WIEN

KULTUR GESCHICHTE

In einer musealen Werkstatt Lesungen und Konzerte gratis genießen

Schön- und Schlechtwetter / Paare, Freunde /
Dauer: ab einer Stunde / unterschiedliche Termine /
U1 und U3 Stephansplatz, U1 und U4 Schwedenplatz /
1. Bezirk, Schönlaterngasse 9 / Alte Schmiede Kunstverein Wien

Die schmale und verwinkelte **SCHÖNLATERNGASSE** liegt in einem der ältesten Viertel Wiens und ist wohl auch eine der charmantesten Gassen. Mittelalterliche Bauten, barocke Fassaden und der Schauplatz für eine der bekanntesten Sagen der Stadt verleihen ihr eine besondere Aura und machen sie zu einem Anziehungspunkt für Altstadtflaneurinnen und Touristen. Die Legende besagt, dass im Haus Nummer 7 einst ein Basilisk, eine Mischung aus Kröte und Hahn, in einem Brunnen gelebt und hier sein Unwesen getrieben haben soll. Eine Skulptur und ein Fresko an der Frontseite erinnern an die Bestie. Im Nebengebäude (Nr. 9) ist heute noch eine originale Schmiedewerkstatt zu besichtigen, in der von 1880 bis 1970 die Hämmer der **KUNSTSCHMIEDE SCHMIRLER** (Vater und Sohn) erklangen. Abends leuchtet ein roter Hammer an der Fassade des Gebäudes, das heute ein Dorado für Kunst- und Kultur-Aficionados ist. Rund 300 Kulturveranstaltungen finden jährlich statt. Die Lesungen, Konzerte und Vernissagen sind alle bei freiem Eintritt besuchbar und werden vom **ALTE SCHMIEDE KUNSTVEREIN WIEN** organisiert. An diesem Abend lesen sechs Autorinnen und Autoren anlässlich des 100. Geburtstages von H. C. Artmann abwechselnd aus Texten, in denen sie sich mit dem Schriftsteller auseinandersetzen.

Der größere der beiden Veranstaltungsräume befindet sich im Keller. In dem **GEWÖLBE** gibt es knapp **100 SITZPLÄTZE** und eine Bühne. Der Saal ist voll besetzt und das Publikum so versunken in den Vortrag, dass man den Fall einer Stecknadel hören

UNTERWEGS

MIT PLAN

DIE ALTE SCHMIEDE
Alle Veranstaltungen sind ohne Reservierung und bei freiem Eintritt besuchbar oder zu Hause via Livestream mitzuverfolgen. Die Schmiedewerkstatt und der Leseraum sind von Montag bis Freitag (14–18 Uhr) zugänglich.

alte-schmiede.at

könnte. Im Erdgeschoß darüber liegt die alte Werkstätte, die nicht nur als **MUSEUM** genutzt wird, sondern in der zusätzlich **50 SITZPLÄTZE** zur Verfügung stehen. Hier haben ebenfalls ein paar Zuhörerinnen Platz genommen, die Veranstaltung wird live auf einer Leinwand übertragen. Im Nebenraum wurde 2008 die **„GALERIE DER LITERATURZEITSCHRIFTEN“**, ein frei zugänglicher Leseraum, eingerichtet, in dem aktuelle Ausgaben von Literatur- und Kulturzeitschriften bereitliegen.

IN DER SCHMIEDE SIND ALLE KREATIVEN GLEICH

„Wir sind eine kommunale Einrichtung, die sich aus Mitteln der Stadt Wien finanziert. Unsere Organisation ist programmautonom und unabhängig“, erklärt Walter Famler, der Generalsekretär des Vereins. Der 1969 gegründete **KUNSTVEREIN** hat bis heute die Aufgabe, einerseits künstlerische Initiativen zu fördern und andererseits Kunst- und Kulturschaffende bei der Verwirklichung ihrer Projekte zu unterstützen. Jeder, der hier performt, bekommt die gleiche Gage, egal wie bekannt er ist oder in welchem Ausmaß er das Publikum anzieht. „Wir werten nicht, aber wir achten auf Qualität. Bei uns lesen **ZEITGENÖSSISCHE LITERATINNEN UND LITERATEN**, im Musikbereich konzentrieren wir uns auf Nischen wie **NEOKLASSIK** oder **ELEKTRONISCHE MUSIK**“, so Famler. „Viele berühmte Autorinnen und Autoren absolvierten bei uns ihren allerersten öffentlichen Auftritt“. Als Beispiele nennt der Generalsekretär **FRIEDERIKE MAYRÖCKER**, **HERTA MÜLLER**, **JOSEF HASLINGER** und **GÜNTER GRASS**. Einige seien der Einrichtung verbunden geblieben, auch nachdem sie prominent geworden sind. Die 2021 verstorbene Mayröcker etwa habe ihre Werke bis zum Schluss fast exklusiv in der Alten Schmiede präsentiert.

In der Alten Schmiede kann jeder in die Welt der Literatur oder andere Kunstsparten gratis hineinschnuppern. Und das in einem ansprechenden und außergewöhnlichen Ambiente!

WEITERE TIPPS

WIEN SPONTAN

Literatur hören und Bier trinken in Ottakring: Buch im Beisl ist eine wöchentlich stattfindende Lesereihe in Ottakring, die neben bekannteren Autorinnen auch Debütanten eine Plattform bietet, um erstmals Erfahrungen auf der Bühne zu sammeln. Das geförderte Literaturvermittlungsprojekt holt Schreibende aus verschiedensten Genres und mit unterschiedlichem Background vor den Vorhang. Die Veranstaltungsreihe eignet sich perfekt für Literaturfans, die für Neues aufgeschlossen sind und nach der Lesung noch gerne bei einem Glas Bier oder Wein über das Gehörte diskutieren möchten. Die Veranstaltungen finden im AU in der Brunnengasse 76 bei freiem Eintritt statt, Beginnzeit ist meistens um 20 Uhr.

www.buchimbeisl.at

~

Am See Bücher kaufen und Promi-Autorinnen treffen: Die Buchhandlung Seeseiten war im Mai 2015 eine der ersten Unternehmungen, die in der Seestadt Aspern im 22. Bezirk ihre Pforten öffnete. Sie liegt direkt an dem künstlich angelegten See an der Janis-Joplin-Promenade Nummer 6. Coole Adresse, cooles Angebot. Die Leseratten Bettina Wagner und Johannes Kößler richteten eine gemütliche Kaffeeecke zum Schmökern ein, beraten ihre Kundinnen mit viel Leidenschaft und Engagement und veranstalten regelmäßig Lesungen mit namhaften Autoren, darunter Doris Knecht, Daniel Glattauer oder Bernhard Aichner. Die Seeseiten Buchhandlung wurde 2018 mit dem Österreichischen Buchhandlungspreis ausgezeichnet und gilt als eine der besten Buchhandlungen des Landes.

seeseiten.buchkatalog.at

~

Sich am Abend im TAG fremdschämen und lachen: Eine besonders unterhaltsame Form des „Literaturvortrags" ist der Poetry-Slam, bei dem die Autorinnen mit ihren selbst geschriebenen Texten gegeneinander antreten und um die Gunst des Publikums ringen. Der Wettkampf mit Worten hat sich auch in Wien etabliert, es gibt verschiedenste Veranstaltungen. Einer der beliebtesten und originellsten Slams ist der TAGebuch SLAM im Mariahilfer Theater an der Gumpendorfer Straße (TAG). Bei diesem Event lesen die Poeten aus ihren alten Tagebüchern vor und bekennen sich dabei öffentlich zu ihren Kindheits- und Pubertätsverwirrungen. Die Gewinnerin wird durch den Applaus der Zuhörer ermittelt. Ein Abend zum Fremdschämen und Lachen!

www.dastag.at/tagebuchslam

Oben: Vogelperspektive auf das „Wohnzimmer" der Wienerinnen und Wiener.
Unten: Vom Dach des Leopold Museums genießen wir das herrliche Panorama.

MUSEUMSQUARTIER

KULTUR GESCHICHTE

Im Mikrokosmos der Kultur und Freizeit verweilen

Schön- und Schlechtwetter / Paare, Familien / Dauer: nach Lust und Laune / U3 Volkstheater / 7. Bezirk, Museumsplatz 1 / MuseumsQuartier

Auf einem der kultigen „Enzis“ in den Höfen des MuseumsQuartiers (MQ) frönen wir gerne dem Müßiggang. Die Sitz- und Liegemöbel symbolisieren ein Stückchen Bobo-Demokratie, wird doch alle zwei Jahre via Publikumsabstimmung über ihre Farbe entschieden. Ein belangloses Thema, mag sein. Aber stimmig, denn das MQ ist so etwas wie ein La-vita-è-bella-Mikrokosmos. Auf dem 90.000 m² großen Areal dreht sich alles um Kunst, Kultur, Sport, Spiel, Ausgehen und ein Stelldichein mit Freundinnen ohne Konsumzwang. Der Zusatzpluspunkt: Die Melange der schönen Dinge befindet sich in einem kleinen Radius.

In den mehr als zwei Jahrzehnten seines Bestehens hat sich das MuseumsQuartier, eines der größten Museumsareale der Welt, zum „Wohnzimmer“ der Wienerinnen und Wiener gemausert. Wo bis zum Ende der Donaumonarchie die kaiserlichen Hofstallungen untergebracht waren, pulsiert heute das urbane Leben. Bereits beim Betreten werden Stadtbewohner und Touristinnen niederschwellig mit Kunst konfrontiert. Das MuseumsQuartier ist durch neun Passagen frei zugänglich, die von Kreativen aus verschiedensten Sparten in Mini-Ausstellungen verwandelt wurden. In dem Gebäudekomplex sind rund 60 kulturelle Institutionen angesiedelt. Einrichtungen wie das **LEOPOLD MUSEUM** (Schiele- und Klimt-Sammlung), das **MUMOK** (das größte Museum für moderne und zeitgenössische Kunst in Mitteleuropa) und die **KUNSTHALLE WIEN** (internationale Gegenwartskunst) befeuern Genuss und Wissen. Ergänzt wird das Angebot von Veranstaltungsorten wie

UNTERWEGS

MIT PLAN

DAS MUSEUMSQUARTIER
Die Veranstaltungen im MQ-Hof sind gratis, ebenso die Fahrt hinauf zur Libelle. Wer über das Eventprogramm auf dem Laufenden gehalten werden möchte, abonniert den Newsletter.

www.mqw.at

der **HALLE E+G** und dem **TANZQUARTIER WIEN**. Das **Q21** ist der Arbeitsplatz für etwa 50 zum Teil wechselnde kleinere Initiativen. Den Künstlerinnen und Mitarbeitern von Galerien, Vereinen, Agenturen und Redaktionen darf man im Zuge der **Q21 BACKSTAGE TOUR** während des Schaffungsprozesses über die Schulter blicken. Bei der **SECRET MQ TOUR** schauen Teilnehmerinnen hinter die Kulissen des MQs, die **KAISERQUARTIER TOUR** informiert über die Historie der ehemaligen Hofstallungen. Auch auf den Nachwuchs wurde nicht vergessen. Im Theater **DSCHUNGEL WIEN** wird für Kinder und Jugendliche performt, im interaktiven **ZOOM KINDERMUSEUM** dürfen die Kleinen alles an- und begreifen.

LIBELLE MIT AUSSICHT, GOLFEN MIT AMORE

Am Dach des Leopold Museums breitet seit 2020 mit der **MQ LIBELLE** eine neue Attraktion ihre Flügel aus. Die ästhetische Kulturterrasse trumpft mit einem Panoramablick bis zu den Wiener Hausbergen auf und ist über zwei Lifte zu erreichen. Der namensgebende Pavillon mit seinen überdimensionalen Lichtkreisen wird für Veranstaltungen genutzt. An den Sommerwochenenden kurven im Teich des Haupthofes ferngesteuerte Boote um die Wette. Für das **AQUADROME**, wie sich das feuchte Gaudium nennt, wird im Wasserbecken ein Parcours aus Bojen angelegt. Auf dem Platz zwischen mumok und Architekturzentrum wetteifern **BOULESPIELER** um Treffsicherheit und Präzision. Die Kugeln werden in der **ALOHA BAR**, einem pink angepinselten Kiosk, verliehen. Mit viel Liebe wiederum wurde „**MQ AMORE**" auf dem Vorplatz errichtet, ein Skulpturenpark mit integrierter Minigolfanlage.

Sehen lassen können sich auch die Veranstaltungen unter freiem Himmel. Einmal jährlich spielen die **WIENER SYMPHONIKER** ein **OPEN AIR** im Hof des Areals. An acht Donnerstagen im Juli und August lauschen Bücherfans beim **LITERATURFESTIVAL O-TÖNE** den Lesungen von Bestsellerautorinnen und -autoren wie Eva Menasse und Michael Köhlmeier. Das **FILMFESTIVAL FRAME[O]UT** zeigt auf einer Outdoorkinoleinwand Filme aus vorwiegend österreichischen Produktionen. Als kitschbefreite Adventmarktalternative gilt der **MQ WINTERGARTEN**. Ab Anfang November wird der weihnachtlich dekorierte Hof jährlich mit wechselnden Kunstprojekten bespielt, dazu bieten die MQ-Gastronomen in igluartigen Hütten Punsch und Kulinarik feil. Zusätzliche Goodies in der Adventzeit sind die **ZWEI EISSTOCKBAHNEN** und die bei Kindern beliebte leuchtende **LED-KUGELBAHN „LUMINA"**.

WIEN SPONTAN

In der Albertina Yoga praktizieren:
Einen Museumsbesuch der anderen Art offeriert die Albertina. Zu bestimmten Terminen findet eine Vinyasa Flow-Yogastunde in den Morgenstunden vor der offiziellen Öffnung um 10 Uhr statt. Das Training wird je nach Wetter auf der Terrasse oder im Musensaal absolviert. Nach dem „Oohmm" dürfen die Yogis tiefenentspannt die Kunst genießen, der Eintritt ins Museum ist inkludiert.

www.missyoga.at

~

Im KHM über Museumsarbeit lernen:
Im nahe des MQ gelegenen Kunsthistorischen Museum (KHM) wird jeden Donnerstagabend bei einer speziellen Veranstaltung ein anderer Bereich der Museumsarbeit beleuchtet. Bei den Führungen, Vorträgen, Gesprächen oder Diskussionen kommen Profis aus verschiedenen Spezialgebieten, etwa Architektur, Restauration oder Forschung, zu Wort.

www.khm.at

WEITERE T TIPPS

WISSENSWERT

Der Vampirjäger der Habsburger:
In Gehweite des MQs thront Maria Theresia auf einem imposanten Denkmal über ihren bedeutendsten Feldherren und Beratern. Einer davon ist der Niederländer Gerard van Swieten (1700–1772), der der Regentin als Leibarzt diente. Der Universalgelehrte gilt als Bram Stokers Vorbild für Graf Draculas Erzfeind, den Vampirjäger Abraham Van Helsing. Van Swieten jagte allerdings keine Vampire, sondern kämpfte im Sinne der Aufklärung gegen den Vampirmythos. In den Balkanländern griff in der ersten Hälfte des 18. Jahrhunderts die Angst vor lebenden Toten um sich. Die Menschen gruben auf Friedhöfen Leichen aus, um sie zu pfählen, zu köpfen oder zu verbrennen. Um dem Aberglauben entgegenzutreten, sandte Maria Theresia eine Kommission unter der Leitung ihres Leibarztes in die betroffenen Gebiete. Van Swieten gelang es, den Vampirglauben mit wissenschaftlichen Erkenntnissen zu widerlegen. Die Exhumierungen und Leichenschändungen wurden 1755 aufgrund dieser Berichte im ganzen Habsburgerreich verboten. Mehr als hundert Jahre nach seinem Tod sollte van Swieten als Romanfigur Van Helsing zu Weltruhm gelangen.

Klar, als gelernte Wienerin kennt man das MQ schon lange. Trotzdem überraschte uns der bunte Cocktail an Entspannung, Bildung, Kulinarik, Sport und Spiel.

Oben: Das Dach des Doms wird von 230.000 farbigen Dachziegeln geziert.
Unten: Steinerne Wasserspeier wachen seit Jahrhunderten über die Kathedrale.

DOMKIRCHE ST. STEPHAN

KULTUR GESCHICHTE

In der Dachrinne spazieren und die Katakomben im Dunkeln durchstreifen

Schönwetter / Paare, Freunde / Dauer: 1 ½ Stunden /
Beginn 18 oder 19 Uhr / U1 und U3 Stephansplatz /
1. Bezirk, Stephansplatz 3 / Domkirche St. Stephan

„Wenn ein Ziegel rausgefallen ist, seilen sich die Dachdecker von oben ab, um ihn zu ersetzen", erklärt Domführer Klaus Brenner. Den Rest seiner Schilderungen verweht der Wind, der uns in der Dachrinne des Stephansdoms um die Ohren saust. Über uns schießt das Dach steil in die Höhe, an manchen Stellen weist es einen Winkel von 80 Grad auf. **230.000 FARBIG GLASIERTE DACHZIEGEL** wurden kunstvoll auf einer Länge von 110 m und einer Spannweite von 38 m zu einem Zickzack- bzw. Rautenmuster drapiert. Zudem schmücken der Doppeladler sowie die Wappen der Republik und der Stadt Wien das Chordach. Als der Dom 1945 in Flammen aufging, wurde der gotische Dachstuhl, ein Meisterwerk aus Lärchenholz, zerstört und durch eine Konstruktion aus **605 TONNEN STAHL** ersetzt. Als wir uns über die Balustrade beugen, entdecken wir an der Außenwand unter uns steinerne Wasserspeier. Sie stellen Tiere und mystische Wesen dar und sind originale Zeitzeugen aus dem Mittelalter. „Sie sollen das Böse von der Kirche fernhalten", erzählt Brenner. Der Spaziergang in der Dachrinne gilt als **GEHEIMTIPP UNTER DEN DOMFÜHRUNGEN.** Das ist durchaus gewollt, auf der etwa einen halben Meter breiten Rinne ist nicht für unendlich viele Menschen Platz.

Als geräumig kann man hingegen den dusteren Dachboden bezeichnen, den wir zuvor über eine 120-stufige Wendeltreppe durch den Nordturm erreichten. Werkzeug liegt am Boden, mit rotem Stoff bezogene Stühle stehen herum. „Hier finden manchmal Konzerte oder Lesungen statt", sagt Brenner. Ein bisserl als Depot wird der Dachboden auch genutzt, hier werden die

UNTERWEGS MIT PLAN

SONDERFÜHRUNGEN IM STEPHANSDOM

Die Taschenlampenführung durch die Katakomben findet ebenso wie die Dachrinnenführung nur an ausgewählten Terminen und ohne werbewirksame Ankündigung statt. Der Spaziergang durch die Dachrinne wird in der Zeit von April bis November drei bis fünfmal pro Monat angeboten, die beschriebene Sonderführung durch die Katakomben lediglich ein paar Mal pro Jahr und meist in Kombination mit der Dachbodenführung. Die Termine sind etwas versteckt auf der Homepage des Stephansdoms unter „Sonderführungen" zu finden. Die Teilnehmerzahl ist begrenzt, eine Anmeldung wird empfohlen.

www.stephanskirche.at

Die Kombination aus dem Besuch des voluminösen Dachbodens, dem fulminanten Ausblick während des Dachrinnenspaziergangs und dem schaurigen Katakomben-Streifzug mit der Taschenlampe fanden wir treffenderweise göttlich.

ABGÜSSE VON FIGUREN aus dem Mittelalter aufbewahrt, etwa eine Abbildung von **DOMBAUMEISTER ANTON PILGRAM** und einem **GREIF** aus dem 13. Jahrhundert. Falls ein Original beschädigt wird, können es die Steinmetze nachbilden. 50.000 Dachziegel, gebrannt 1950, lagern hier als Reserve. Einer hat mehr als zwei Kilo. Wir nehmen einen Ziegel hoch und streichen über die Oberfläche. Nicht jeden Tag hat man die Gelegenheit, einen Dachziegel vom Stephansdom zu berühren.

IM SCHEIN DER TASCHENLAMPE DURCH DIE KATAKOMBEN

Durch eine Tür, die sich im nördlichen Seitenschiff der Kathedrale befindet, steigen wir in Begleitung unseres Domführers über eine Treppe hinab in die **GRUFT**. Das Gotteshaus steht auf einem **RIESIGEN FRIEDHOF**, rund elftausend Menschen wurden im Laufe der Jahrhunderte in dem unterirdischen Gewölbe begraben, von verstorbenen Habsburgern werden die Eingeweide in Urnen aufbewahrt. Wir folgen dem Lichtkegel einer Taschenlampe durch finstere Gänge und leuchten in vergitterte Nischen, in denen sich menschliche Gebeine auftürmen. Auch eine kleine runde Öffnung, durch die ein menschlicher Körper hindurchpasst, ist noch sichtbar. Der Hohlraum darunter ist bis obenhin voll mit Knochen. Wem die beleuchteten Katakomben noch nicht unheimlich genug sind, für den gibt es ein paar Mal im Jahr jene **SCHAURIGERE TOURVARIANTE**. Die Gruppe darf im Dunkeln nur mit Taschenlampen durch die unterirdischen Gänge streifen. Eine aufregende Führung, bei der seltsamerweise niemand das Schlusslicht sein möchte.

WEITERE TIPPS

WIEN SPONTAN

Über die Kapelle unter Tage rätseln: Im Zuge des U-Bahnbaus wurde 1973 neben dem Stephansdom rund 12 Meter unter dem Bodenniveau die Virgilkapelle wiederentdeckt. Der Sakralraum, errichtet um 1220/30, ist ein rätselhafter Ort, es gibt kaum Aufzeichnungen darüber. Die rechteckige Krypta (etwa 6 m x 10 m) befand sich unter der 1781 nach einem Brand abgerissenen Maria-Magdalenen-Kapelle, hatte weder Fenster noch Türen und konnte vermutlich nur von oben mit einer Leiter betreten werden. Seit 2015 ist die Kapelle ein Museum des Mittelalters. Der Eingang befindet sich in der U-Bahn-Station Stephansplatz.

www.wienmuseum.at/de/standorte/virgilkapelle

~

Die Mumien in der Michaelergruft bestaunen: Unter der Michaelerkirche im 1. Bezirk fanden 4000 Verstorbene ihre letzte Ruhe. Seit dem 16. Jahrhundert wurden hier Tote bestattet, 1783 verbot Kaiser Joseph II. Begräbnisse in den Kirchen Wiens. Die meisten Leichen in der Gruft zerfielen, doch einige erreichten einen außergewöhnlichen Mumifizierungsgrad. Drei der Mumien werden bei Führungen präsentiert, Seidenkleider, Schnallenschuhe und Hauben sind genauso konserviert wie die Toten. Eine Anmeldung ist erwünscht, jedoch nicht erforderlich.

www.michaelerkirche.at

WIEN MIT PLAN

Im Lustschloss zur Grotte hinabsteigen: Einst feierte Kaiser Maximilian II. (1527–1576) im Schloss Neugebäude rauschende Feste, doch im Laufe der Jahrhunderte verfiel es zu einer Ruine. Heute ist der revitalisierte Simmeringer Bau wieder für Besucherinnen zugänglich. An die einstige Pracht erinnern zwei lang gestreckte Säle, getragen von wuchtigen Wandpfeilern. Hinter einer Tür führen Stufen hinab in die älteste erhaltene Grotte des deutschen Sprachraums. Im Schein der Kerzen strahlt der höhlenartige Raum mit den tiefen Mauernischen eine fast mystisch anmutende Kraft und Ruhe aus. Das Renaissanceschloss samt Areal ist bei Führungen zu besichtigen und wird für Veranstaltungen und als Freilichtkino genutzt.

www.schlossneugebaeude.at

WISSENSWERT

Der Schatz auf der Südturmspitze: Ein Kirchenturm ist der perfekte Ort, um Devotionalien für die Nachwelt zu konservieren. Die Zeitkapsel in der goldenen Kugel des 137 m hohen Steffl-Südturms wurde zuletzt am 27. Mai 2008 geöffnet. Man fand etwa Fotos von beteiligten Steinmetzen, Urkunden mit Kaiser Franz Josephs Unterschrift sowie Ausgaben der „Wiener Zeitung“, datiert mit 1864. In dem Jahr war die Kugel das letzte Mal geöffnet und bestückt worden. Der Großteil der Gegenstände wurde gemeinsam mit „Zeitzeugen“ aus dem Jahr 2008, etwa einem Panini-Album, in der restaurierten Turmkugel eingeschweißt.

In der Karlskirche erleben Besucher göttliche Ausblicke.

WIEN SPONTAN

BEI SCHLECHTWETTER

Auch an nassen und kalten Tagen kommt in Wien keine schlechte Laune auf.

1 MIT DEM AUFZUG DEM HIMMEL NÄHERKOMMEN

In der prächtigen Karlskirche befördert ein Panoramalift Besucherinnen täglich von 9–17 Uhr auf eine 32,5 Meter hohe Plattform zur Kuppel. Von hier aus lassen sich die spirituellen Fresken von Johann Michael Rottmayr (1654–1730) aus nächster Nähe bewundern, auch die Vogelperspektive auf den barocken Innenraum ist ein Erlebnis. Der Lift ist ein Überbleibsel von Restaurierungsarbeiten. Wer den göttlichen Ausblick erleben will, dem sei zur Eile geraten. Das Gerüst soll bald abgebaut werden.

www.karlskirche.info

2 IM MITTENDRIN OBDACHLOSEN EINE CHANCE GEBEN

Das VinziRast-Lokal „mittendrin" in Währing kombiniert heimische und orientalische Küche und ist für sein großes Angebot an vegetarischen und veganen Speisen bekannt. Das Restaurant engagiert (ehemalige) Obdachlose für Service und Küche und holt sie damit dauerhaft von der Straße.

www.vinzirast.at/projekte/vinzirast-lokal-mittendrin

3 IN VENEZIANISCHES LEBENSGEFÜHL EINTAUCHEN

An der Freyung versprüht die edle Palais Ferstel Passage italienisches Lebensgefühl. In dem luxuriösen Durchgang finden sich eine Auswahl an Spezialitätenlokalen sowie Cafés. Das Xocolat gilt als eines der weltweit bestsortierten Schokoladefachgeschäfte, das Beaulieu wiederum ist unisono Bistro und französischer Delikatessenladen. Im Palais Ferstel ist auch das berühmte Café Central beheimatet, das als Treffpunkt für Dichterinnen und Denker galt.

www.palaisevents.at/palais-ferstel

4 SICH IM SCHNITZEL-ELDORADO DEN BAUCH VOLLSCHLAGEN

Vis-à-vis von Tor 1 des Zentralfriedhofs liegt das zauberhafte Concordia Schlössl. Der Eingang wird von einer fünf Meter hohen Christusstatue bewacht, in der Säulenhalle taucht flackerndes Kerzenlicht den Gastraum in eine warme und gleichzeitig morbide Stimmung. Das Concordia ist berühmt für seine zahlreichen Schnitzelvariationen wie das New Yorker Schnitzel mit Popcornpanier oder das Venezia Schnitzel in Parmesan. Tipp für Entscheidungsschwache: Der „Schnitzelritt für fünf Personen". Aufgetischt werden zehn verschiedene Schnitzel in 33 Teilportionen.

www.concordia-schloessl.at/de

Ab nach draußen – zu Fuß, zu Wasser und auf dem Fahrrad die Stadt unter die Lupe nehmen

Spontan MIT PLAN

AKTIVITÄT & NATUR

Oben: „Stallbua“ Bernhard Kazda posiert im Tipi mit dem dominanten braunen Bennie.
Unten: Die sanften Tiere sind für den Umgang mit Kindern besonders gut geeignet.

ALPAKA – WANDERN – WIEN

AKTIVITÄT

NATUR

Familientipp

Mit Neuweltkamelen durch den Wienerwald spazieren

Schönwetter / Paare, Familien / Dauer: 1–3 Stunden / Termin auf Anfrage / 60er Breitenfurterstraße / 23. Bezirk, Ecke Willergasse, Zemlinskygasse / Alpaka – wandern – Wien

Im südwestlichen Teil von Liesing am Rande der Mauer des Friedhofs Kalksburg grasen drei **ALPAKAS** friedlich auf einer Weide. Hinter der Begräbnisstätte erheben sich die Weinberge Rodauns, Niederösterreich ist einen Steinwurf entfernt. „Ich bin der Stallbua, ich räum auf und sorge für das Futter", sagt Bernhard Kazda lachend, während er die Tiere halftert. „Bei den Alpakawanderungen begleiten meist die älteste meiner drei Töchter, Nachbarinnen und Freunde die Gäste."

Alpakas kommen ursprünglich aus den Hochlagen Südamerikas, werden dort seit Tausenden von Jahren als Nutztiere gehalten und hauptsächlich wegen ihrer Wolle gezüchtet. Die Südamerikaner bezeichnen die hochwertigen Naturfasern auch als **„VLIES DER GÖTTER"**. Die Liesinger Alpakas werden einmal pro Jahr von einem Profi geschoren. „Die Wolle bringen wir zu einer Wollmühle ins Waldviertel und lassen sie dort zu Steppdecken verarbeiten", erzählt Bernhard.

Das kleine Team rund um Familie Kazda startete im Frühjahr 2021 mit ihren **ALPAKA-TOUREN**, bei denen die Besucherinnen die kleinen Neuweltkamele streicheln, an der Leine führen und mit einem „Alpaka-Müsli", einer Mischung aus getrocknetem Obst, Gemüse und Körnern, füttern dürfen. Die Route hängt jeweils von der Länge der gebuchten Tour und vom Wetter ab. Rund eine Viertelstunde sind wir von der Weide zur **HIMMELSWIESE** unterwegs, die mit einem herrlichen Panoramablick über Teile

UNTERWEGS

MIT PLAN

ALPAKA – WANDERN – WIEN

Die Touren variieren je nach Länge und Ziel und müssen vorab gebucht werden. Eine Alternative zu den Wanderungen ist das Alpaka-Wiesenpicknick (Zeit mit den Tieren auf der Weide samt mitgebrachtem Picknick). Bei Temperaturen über 30 Grad oder starken Niederschlägen werden die Touren nach Absprache verschoben.

alpaka-wandern-wien.at

der Stadt und den Wienerwald lockt. An heißen Tagen bietet sich eher ein Waldspaziergang an. Eine Ausflugsvariante ist auch eine Wanderung über den Kalksburger Grat zum **PAPPELTEICH** nach Mauer. Das mit Schilf verwachsene Gewässer ist ein beliebter Kraftort für die Bevölkerung der Umgebung und Lebensraum vieler Pflanzen- und Tierarten.

ALPAKAS SIND KEINE KUSCHELTIERE

Das Markenzeichen von Cosmo sind seine buschigen Ohren, Henry ist bei Touren der Leithammel, der braune Bennie gilt als besonders dominant. „Zweimal hat er mich schon angespuckt", sagt Bernhard. Normalerweise sind Alpakas scheu und sanft, deshalb sind sie auch **FÜR DEN UMGANG MIT KINDERN GUT GEEIGNET.** Doch wenn sie sich bedroht fühlen oder die Rangordnung in der Herde klären wollen, bespucken sie den vermeintlichen Aggressor. „Sie sind keine Kuscheltiere wie Hunde und Katzen, man muss sensibel mit ihnen umgehen", betont Bernhard. Man könne sie auch nicht trennen, sie seien ein **KOLLEKTIV.** „Sie machen alles zusammen: fressen, trinken, wandern, selbst aufs Klo gehen sie gemeinsam." Grad dachten wir noch, der Zweibeiner übertreibt ein bisserl. Kurz darauf suchen Bennie, Henry und Cosmo ein bestimmtes Platzerl auf, um fast synchron ihr Geschäft zu verrichten.

Die Tiere sind unfassbar charmant und begeistern Erwachsene und Kinder gleichermaßen, die Landschaft ist nicht urban, sondern idyllisch und kontemplativ. Die Alpakawanderung ist laut unseren Recherchen die einzige in Wien und unkompliziert mit den Öffis zu erreichen.

WEITERE TIPPS

WIEN SPONTAN MIT TIEREN

Im Blumenparadies Tiere streicheln: Vorwiegend heimische Tierarten sind in dem angeschlossenen kleinen Tiergarten der Blumengärten Hirschstetten zu sehen. Es gibt einen historischen Bauernhof mit Ziegen, Schafen, Zieseln und Kaninchen, ein Wildkatzengehege, ein begehbares Bienenhaus, einen Schildkrötengarten, ein Vogelhaus und ein Palmenhaus mit drei Klimazonen. Wer gleich zu den Tieren möchte, sollte den Blumengärten-Eingang in der Oberfeldgasse wählen.

www.wien.gv.at/umwelt/parks/blumengaerten-hirschstetten

~

Mit Äffchen auf Tuchfühlung gehen: Im Haus des Meeres in Mariahilf tummeln sich nicht nur Reptilien und Meerestiere. Im Tropenhaus dürfen die Besucherinnen in Anwesenheit eines Mitarbeiters die herumturnenden Weißbüscheläffchen mit Heuschrecken füttern. Zwischen Mensch und Tier befinden sich keine Glasscheiben oder Gitterstäbe. Das ist wohl die einzige Möglichkeit in Wien, Äffchen so nahe zu kommen. Das Markenzeichen der rund 20 cm großen Tiere sind die weißen Haarbüschel an den Ohren.

www.haus-des-meeres.at

~

Über das Leben auf dem Bauernhof lernen: Das Landgut Cobenzl ist ein Schaubauernhof mit sieben Ställen und rund hundert landwirtschaftlichen Nutztieren. Bei Rundgängen und Stallführungen lernen Jung und Alt Wissenswertes über Landwirtschaft und das Leben auf dem Bauernhof. Natürlich darf auch gestreichelt und gefüttert werden.

www.landgutcobenzl.at

Oben: Die Donauparkbahn dreht seit den 1960er-Jahren ihre Runden.
Unten: Spielplätze und Sportanlagen machen das Areal zum Freizeitparadies.

AKTIVITÄT
NATUR

Familientipp

Abhängen, flanieren und sporteln

Schönwetter / Paare, Kinder / Dauer: ab 2 Stunden / keine Sperrstunde / U1 Alte Donau und Kaisermühlen / 22. Bezirk

1,5 Millionen Blumen, 2 Millionen Stauden, 500.000 Sträucher, 40.000 Nadelbäume, 100 Hektar Fläche, 29 teilnehmende Nationen, 2,1 Millionen Besucher: Das war die **WIENER INTERNATIONALE GARTENSCHAU (WIG)**, die im eigens dafür umgestalteten Donaupark stattfand, in Zahlen. Das Event wurde am 16. April 1964 eröffnet und dauerte bis zum 11. Oktober. Die Menschen genossen das farbenprächtige Ereignis und die neuen Attraktionen. Der Donauturm wurde ebenso errichtet wie ein neuartiges Turmgewächshaus. Ein Sessellift ermöglichte die Vogelperspektive über das Blumenmeer, eine Liliputbahn drehte wie im Prater ihre Runden, zwölf Nationengärten blühten. Der neu angelegte Irissee glitzerte, eine Seebühne und zwei Kinos wurden bespielt, mehrere Lokale kümmerten sich um das leibliche Wohl der Gäste. Wie futuristisch das Projekt damals war, bewies auch der „Garten des 21. Jahrhunderts“, in dem Pflanzen wuchsen, die als Nahrungsmittel für Astronauten gedacht waren. Das Wiener Prestigeprojekt WIG war die Geburtshelferin des knapp 633.000 m² großen Donauparks, der den Transdanubierinnen als Naherholungsgebiet erhalten geblieben ist. Zuvor war das Areal als Militärschießstätte und Mülldeponie genutzt worden.

Viele der WIG-Attraktionen sind nach der Veranstaltung verschüttgegangen. Der Sessellift ist genauso verschwunden wie die Seebühne und das Turmgewächshaus. Dagegen überdauerten der **DONAUTURM**, der **IRISSEE** und die **LILIPUTBAHN** die Jahrzehnte. Letztere dreht als Donauparkbahn bis heute ihre Runden. Sie tuckert auf einer Strecke

UNTERWEGS

MIT PLAN

MIT DER DONAUPARKBAHN DAS AREAL UMRUNDEN

Die Rundfahrt mit der Donaupark-bahn dauert etwa 20 Minuten. Je nach Jahreszeit, Wetter und Fahrgästeandrang betragen die Intervalle zwischen 8 und 25 Minuten. Bei den Stationen „Rosenschau" und „Donauturm" befinden sich die Kassen, bei der Station „Donau City" darf man trotzdem zusteigen und kann das Ticket bei der nächsten Haltestelle lösen. Auch Teilstreckenkarten (2 Stationen) sind erhältlich.

liliputbahn.com/donaupark.htm
www.wien.gv.at/umwelt/parks/anlagen/donaupark.html

von 3,4 km über das Gelände, hält bei **DREI STATIONEN** und bringt die Passagiere auch in Parkgefilde, in die man zu Fuß eher nicht kommt. In der Schnittenpackerl-rosa Bahn fahren wir vorbei an bunten Gartenkunstwerken, grünen Wiesen, dem schilfumrankten Ufer des Sees, an Spielplätzen und durch kleine Grünoasen. Von der Ferne sehen wir den Donauturm und die Skyline der Donauplatte, es riecht nach Bäumen, Sträuchern und frisch gemähtem Gras. Im Anschluss entdecken wir auf einem ausgiebigen Spaziergang **RIESIGE SKULPTUREN**, Denkmäler von berühmten Lateinamerikanern wie Che Guevara, Salvador Allende, Simón Bolívar, die Kaskaden beim Rosarium und ein Wechselkrötenbiotop.

SPORTANLAGEN IN DER NATUR

Gegenüber der U1-Station Alte Donau garniert das weitläufige **CHINA-RESTAURANT SICHUAN** den Eingang des Donauparks. Das Lokal wurde früher von der chinesischen Botschaft geführt und ist für seinen sehr schönen, traditionellen Gastgarten bekannt. Hinter dem Gebäude toben Kinder auf dem Sparefrohspielplatz, Rechtsabbieger passieren ein riesiges Trampolin. Parallel zur Arbeiterstrandbadstraße führt ein Weg zu einer Vielzahl von Sportanlagen. Tischtennistische, Boccia-, Fußball-, Basketball- und Tennisplätze, eine Minigolf- und eine Skateranlage sowie ein Schachareal stehen allen Besucherinnen zur freien Verfügung. Neben klassischem Schach wird auch auf vier überdimensionalen **BODENSCHACHANLAGEN** gespielt. Bei einem Plausch mit den Brettspielern erfahren wir, dass das Schachterritorium im Donaupark für manche Anrainer wie ein zweites Wohnzimmer ist. „Wir kommen jeden Tag hierher, auch im Winter", sagt Schachfan Erwin. Der Rest der Truppe konzentriert sich auf das Spiel der Könige. Zwei Herren treten gegeneinander an, rund ein Dutzend Zuschauer beobachten und kommentieren erste Reihe fußfrei. „Jeder kann bei uns mitmachen", betont Erwin. Tatsächlich handelt es sich bei den Anwesenden um einen herkunftsmäßig internationalen Haufen. Allerdings sind die einzigen Damen, die wir sehen, Spielfiguren. Auf Nachfrage wird uns versichert, dass selbstverständlich auch Frauen mitspielen. „Sie sind nur momentan nicht da."

Der Donaupark ist ein zwangloser Ort zum Entschleunigen. Während unseres Aufenthalts rasteten wir unter idyllischen Lauben, am kontemplativen Seeufer und tratschten mit freundlichen Zeitgenossen. Obendrein entpuppte sich die Fahrt mit der Donauparkbahn als Sightseeingtour mit wildromantisch-grünen Abschnitten.

WEITERE TIPPS

DER DONAUPARK SPONTAN

Vom Donauturm aus rundumadum auf Wien schauen: Der 252 Meter hohe Donauturm zählt zu den bekanntesten Wahrzeichen Wiens. Zwei Expresslifte bringen die Besucherinnen in 35 Sekunden zur 155 Meter hohen Aussichtsterrasse. Das Turmrestaurant dreht sich um die eigene Achse, das Turmcafé auf 170 Meter Höhe ist das höchstgelegene Kaffeehaus Wiens.

www.donauturm.at

~

Auf dem ArbeiterInnenstrand gratis Sonnenbaden: Das ehemalige Arbeiterstrandbad befindet sich am rechten Ufer der Oberen Alten Donau gleich neben dem Donaupark. Es wurde bis Mitte der 1980er-Jahre als öffentliches Bad betrieben und danach bis 2014 privat weitergeführt. Im Jahr darauf wurde das Areal zum ArbeiterInnenstrandbad umbenannt und steht Sonnenhungrigen nun kostenlos zur Verfügung.

www.wien.gv.at/umwelt/gewaesser/alte-donau/life/massnahmen/arbeiterstrand.html

DER DONAUPARK MIT PLAN

Gratisevents im Donaupark: In den Sommermonaten veranstaltet der Kulturverein Donaustadt jedes Jahr Konzerte, Kabarett und Theater bei freiem Eintritt. Das Programm ist bunt gemischt und wird auf der Bühne Donaupark outdoor aufgeführt.

www.buehnedonaupark.at

Die Habsburgwarte erinnert optisch an
einen mittelalterlichen Wehrturm.

HERMANNSKOGEL UND AGNESBRÜNNL

AKTIVITÄT

NATUR

Familientipp

Den höchsten Punkt der Stadt erklimmen

Schönwetter / Paare, Familien / Dauer: 3–4 Stunden / 39A Sievering / 19. Bezirk / Hermannskogel

Um den höchsten Berg Wiens zu erwandern, spazieren wir von der Autobusstation Richtung Rohrerwiese und finden hier bereits den ersten Hinweis auf eine interessante Einkehrmöglichkeit. Das **GASTHAUS GRÜASS DI A GOTT WIRT** verspricht Wiener Küche, Speisen frisch vom Holzkohlengrill und einen großen Waldgarten. Klingt alles verlockend, aber nach einer Gehzeit von rund zwanzig Minuten haben wir uns noch keinen Imbiss verdient. Wir folgen dem Wegweiser Richtung Hermannskogel, der uns auf dem Stadtwanderweg stetig bergauf führt.

Um unser erstes Ziel zu erreichen, verlassen wir kurz den Wanderweg und gehen Richtung **HABSBURGWARTE**. Sie liegt auf 542 m, ist 27 m hoch und wurde 1888 errichtet, erinnert aber weniger an die Zeit der Monarchie, sondern eher an einen Wehrturm aus dem Mittelalter. Gegen eine geringe Eintrittsgebühr darf man sie bei schönem Wetter besteigen, um die Fernsicht zu genießen. Immerhin, so haben wir gehört, soll man von der Aussichtsplattform rund ein Viertel Österreichs im Blickfeld haben. Wie auch immer, das Panorama von hier oben ist auf jeden Fall beeindruckend.

Nach dem Turmgekraxel kehren wir wieder auf den Stadtwanderweg zurück und steuern die **JÄGERWIESE** an. Es dauert ungefähr eine Viertelstunde, bis wir das urige **GASTHAUS ZUM AGNESBRÜNNL** erreichen. Hier gönnen wir uns eine deftige Hausmannkost, bevor wir zum hauseigenen **MINIZOO** stapfen. Vor allem die Kinder freuen sich über Pferde, Esel, Hasen und

UNTERWEGS

MIT PLAN

HERMANNSKOGEL UND HABSBURGWARTE

Der Hermannskogel ist Teil eines Rundwanderwegs, es gibt mehrere Möglichkeiten, ihn zu erreichen. Die Habsburgwarte kann man von April bis Oktober bei schönem Wetter an Samstagen von 13–18 Uhr und an Sonn- und Feiertagen von 10–17 Uhr besteigen. Das Gasthaus zum Agnesbrünnl hat ganzjährig Mittwoch bis Sonntag und feiertags bis Einbruch der Dunkelheit geöffnet. Das Lokal ist nur auf Wanderwegen und nicht mit dem Auto zu erreichen.

www.jaegerwiese.at

Unsere Tour ist das perfekte Sonntagsnachmittagsprogramm. Ein bisserl Sport, viel Natur, gute Hausmannskost, für die Kleinen ein Minizoo und für Fans des Kuriosen (also für uns) ein Ort mit einer dubios-geheimnisvollen Geschichte.

allerlei Kleingetier. Im Anschluss spazieren wir über die Jägerwiese zu dem Platz, der dem Gasthaus seinen Namen gab.

DIE HOCHBURG DES ABERGLAUBENS

Um das **AGNESBRÜNNL** ranken sich unzählige Legenden und Sagen. Namenspatronin Agnes soll ein Findelkind und die Tochter einer Waldfee und eines Königs gewesen sein. Die Quelle galt auch als Jungbrunnen und Heilquelle für Augenkranke, war ein Wallfahrtsort für Gläubige und ab der Mitte des 18. Jahrhunderts eine Art Lottozahlen-Orakel. So aufregend die Geschichten klingen, so unscheinbar ist das Rinnsal, das in ein Wasserbecken tröpfelt. Der Platz ist dennoch perfekt für eine Rast, ist das Agnesbrünnl doch auf einer idyllischen **WALDLICHTUNG** mit Sitzgelegenheiten und Fernblick gelegen. So friedlich wie heute war es hier nicht immer. Der Ort war ein Treffpunkt von Scharlatanen und Leichtgläubigen, denen sie das Geld aus der Tasche zogen. Allerlei zwielichtige Gestalten verkauften hier Alraunen oder sagten die Lottozahlen voraus. 1817 wurde es den Behörden zu bunt, sie schütteten die Quelle zu und fällten die uralte Buche, der sie entsprang. Den Aberglauben konnten sie damit nicht ausrotten, noch 1859 wurde von Augenwaschungen mit Wasser aus dem Brunnen berichtet. Wir entdecken bei unserem Besuch ein Kreuz aus Ästen, das jemand hinterlassen hat. Für manche ist das Agnesbrünnl noch immer ein heiliger Ort.

WEITERE TIPPS

WIEN SPONTAN

Den eigenen Lebensbaum finden: Am Döblinger Pfaffenberg stehen vierzig Lebensbäume auf dem Areal „Am Himmel" in zwei konzentrisch angeordneten Kreisen. Abgeleitet vom keltischen Baumhoroskop, das jeder Baumart besondere Eigenschaften und Charakterzüge zuschreibt, findet hier jeder Mensch abhängig vom Geburtsdatum seinen eigenen Lebensbaum. Über die mit Bewegungsmelder ausgestatteten Klangsäulen „reden" die Bäume mit den Besuchern. Sie erzählen mit der Stimme von Klaus Maria Brandauer ihre eigene Geschichte und über die Charaktereigenschaften der ihnen zugeordneten Menschen. An den Wochenenden wird der Lebensbaumkreis über die 40 Lautsprecher mit klassischer Musik bespielt und so zur schönsten Konzertarena Wiens. Sowohl der Baumkreis als auch die 350 Meter entfernte Sisi-Kapelle gelten als Kraftorte, das Café Restaurant Oktogon punktet mit der einzigartigen Lage und abwechslungsreicher Küche.

www.himmel.at

~

Im Schlosspark dem singenden Quartett begegnen: Eines der schönsten Ausflugsziele im 18. Bezirk ist der 354.000 m² große Pötzleinsdorfer Schlosspark. Bis 1935 war er in Privatbesitz und ein Treffpunkt für Wohlhabende, danach wurde die Grünfläche öffentlich zugänglich gemacht. Das Landhaus, das heute als Schloss bezeichnet wird, ist vom Park kaum noch einzusehen. Den Hauptweg säumen zwei mächtige Mammutbäume und vier Attikastatuen, die an ein dunkles Ereignis erinnern. Das sogenannte „Singende Quartett" zierte einst das Ringtheater, das 1881 durch einen Brand zerstört worden ist. Das Naherholungsgebiet bietet für jeden etwas, etwa Wanderwege für Ruhesuchende, auf denen man neben einem griechischen Tempel oder einer künstlichen Felsgrotte mit ein bisschen Glück auch Wildtiere beobachten kann. Kinder erfreuen sich an dem großen Spielplatz samt Wasserspielanlage, dem Tiergehege mit Kärntner Brillenschafen und Zwergziegen oder an der Rodelwiese im Winter. Ein Kiosk für den kleinen Hunger ist ebenso vorhanden wie Sportmöglichkeiten für Bewegungshungrige.

www.wien.gv.at/umwelt/parks/anlagen/poetzleinsdorf.html

~

Uriges Hüttenflair genießen: Rund 40 Minuten dauert der Fußmarsch vom Hermannskogel auf Waldwegen zum urigen Häuserl am Stoan. Der Familienbetrieb bietet Wanderinnen seit 1923 hervorragende Hausmannskost und einen ebensolchen Blick auf Wien. Wer Kitsch mag, wird das romantische Waldgasthaus samt üppiger Dekoration mit Lebkuchenherzen, Zwergerln und Hexen bereits beim Eintreten ins Herz schließen. Das Lokal hat seinen Namen übrigens dem steinigen Untergrund zu verdanken, der dem ersten Betreiber Mitte der 1920er-Jahre bei Umbauarbeiten das Leben schwer machte.

www.amstoan.com

Oben: An der Anlegestelle empfängt uns ein Nationalpark-Ranger.
Unten: Ein neuer Blick vom Boot auf die „Freiluftgalerie“ Donaukanal.

NATIONALPARKBOOT

AKTIVITÄT · NATUR

Familientipp

Von der City in den Dschungel Wiens schippern

Schön- und Schlechtwetter / Paare, Familien /
Dauer: 4 Stunden / 9–13 Uhr / U1 Salztorbrücke / 1. und 22. Bezirk,
Donaukanal und Lobau / NationalparkBoot

Der Spruch „der Weg ist das Ziel“ ist wohl für die **NATIONALPARK-BOOTSTOUR** erfunden worden. Die Fahrt gewährt einen frischen Blick auf den Donaukanal (→ Seite 170 ff.) und sein Gestade. Links und rechts ziehen Graffiti, Treppelwege und Hochhäuser vorbei, über uns erheben sich zahlreiche Brücken. Landratten grüßen uns freundlich, selbst die Fensterputzer, die gerade im 8. Stock eines Bürogebäudes werkeln, winken uns zu. Je länger wir unterwegs sind, desto mehr lassen wir Asphalt und Beton hinter uns, die Umgebung wird grüner. Wir sichten eine Entenfamilie und einen Graureiher. Das Boot passiert das Naturjuwel Praterauen und erreicht unterhalb des Kraftwerks Freudenau die Donau. Es tuckert vorbei am Alberner Hafen und den Hütten der Daubelfischer, bis es nach rund einer Stunde Fahrzeit etwa auf Höhe der Donauinsel-Südspitze nahe dem Ölhafen Lobau anlegt. Hier empfängt uns Ranger Peter, der nach einer kurzen Begrüßung unsere Erwartungen bezüglich des bevorstehenden einstündigen Rundgangs durch den **WASSERWALD** drosselt. „Wir sind in der freien Natur, ich weiß nicht, welche Tiere wir antreffen werden. Die einzigen Tiere, die ich euch garantiert versprechen kann, sind die Gelsen.“ Umso mehr freut sich die Gruppe, als wir nach wenigen Gehminuten einen kleinen Frosch erspähen, der durch die Wiese hüpft. Peter führt uns weiter durch die Wildnis und erzählt über die hiesige Fauna und Flora, das sensible Ökosystem und die Aufgaben eines Nationalpark-Rangers.

BIBER UND AUHIRSCHE SIEDELN IN DER LOBAU

Das **NATIONALPARKBOOT** ist ein Projekt der Stadt Wien, um die Bewohnerinnen und

UNTERWEGS

MIT PLAN

NATIONALPARKBOOT

Das NationalparkBoot fährt täglich von 2. Mai bis 26. Oktober um 9 Uhr von der City in die Lobau. Die Einstiegsstelle befindet sich am Donaukanal 200 Meter oberhalb der Salztorbrücke, Abgang Franz-Josefs-Kai. Die Fahrt ist preisgünstig, die geführte Wanderung kostenlos. Eine Voranmeldung ist entweder telefonisch oder per E-Mail erforderlich. Tipp: Gelsenspray einpacken, Ranger Peter hat sein Versprechen gehalten!

www.bootstaxi.com/nationalparkboot.html

Bewohner der Metropole aus der Innenstadt in die Lobau zu holen. Mit einer Fläche von rund 2600 Hektar ist die Auenlandschaft Wiens größter Anteil am **NATIONALPARK DONAU-AUEN** und erstreckt sich am linken Ufer der Donau zwischen der Stadt und der March-Mündung. 1978 wurde die Lobau zum Naturschutzgebiet erklärt, seit 1996 ist sie Teil des Nationalparks Donau-Auen. Rund 5000 Tierarten kommen in dem Gebiet vor, darunter etwa 100 Brutvogel- und über 30 Säugetierarten. Der Biber, das größte Nagetier Europas, hinterlässt an vielen Bäumen in Ufernähe seine Spuren, er ernährt sich von Zweigen, Knospen und Rinden. Auch der König des Waldes, der **AUHIRSCH**, lebt in der Lobau. Um das imposante Tier ranken sich zahlreiche Legenden und Mythen. Die Auenlandschaft am Stadtrand ist aber auch ein Naherholungsgebiet mit zahlreichen Rad- und Wanderwegen sowie Wildbadeplätzen. Nach der rund einstündigen Lobau-Schnupperstunde fassen wir den Entschluss, in Zukunft öfter einen Abstecher hierher zu unternehmen. Der Ranger begleitet uns zurück zur Anlegestelle, wo das Boot auf uns wartet. Die Rückfahrt dauert gegen die Strömung fast doppelt so lange wie die Hinfahrt. Das ist gut so, denn wie gesagt, der Weg ist das Ziel.

Diese Tour eignet sich optimal für einen Familienausflug. Während der Bootsfahrt gibt es viel zu sehen, der Rundgang ist auch für Kinder leicht zu schaffen und ein lehrreiches Hineinschnuppern in das Ökosystem unseres Nationalparks.

WIEN SPONTAN

Im Naturidyll sonnen und baden: Um Fauna und Flora zu schützen, ist in der Lobau nur an wenigen Plätzen das Baden erlaubt. Einer davon ist das Nackerpatzl-Paradies Dechantlacke am Anfang der Oberen Lobau. Für Familien eignet sich die seichte Panozzalacke, die sich in der Mitte der Oberen Lobau befindet. Die Jausenstation Zum Knusperhäuschen liegt in unmittelbarer Nähe des kinderfreundlichen Gewässers. Nicht zu verwechseln mit dem Restaurant Zum Knusperhaus, das sich wie das Gasthaus Roter Hiasl wiederum in Gehweite zum Naturbadeteich Dechantlacke befindet.

www.wien.gv.at/freizeit/baden/natur/naturbadegewaesser.html

WEITERE TIPPS

Auf den Spuren von Napoleon wandeln: Ein rund zehn Kilometer langer Rundwanderweg informiert über die wichtigsten Ereignisse der Schlacht von Aspern im Jahr 1809. Mögliche Ausgangspunkte sind das Nationalparkhaus oder die Panozzalacke. Der gut beschilderte Weg führt vorbei an den Napoleon-Obelisken, der Steinskulptur Löwe von Aspern, dem Friedhof und dem Pulvermagazin der Franzosen.

www.wien.gv.at/umwelt/wald/erholung/nationalpark/freizeit/napoleon.html

~

Zelten, Ponyreiten und Haustiere streicheln: Mitten in der Lobau am Rande des Nationalparks Donau-Auen erstreckt sich die Vienna Kids Farm auf mehr als 15.000 m^2. Der nachhaltige Erlebnispark bietet neben Tipi-Zelt und Kräutergarten einen Streichelzoo mit Schafen, Hasen, Ziegen, Eseln und Pferden. Die Kleinen dürfen hier auch Ponyreiten üben.

www.viennakidsfarm.at

Oben: Einige Objekte, etwa eine Uhrenskulptur, erinnern an die WIG 74.
Unten: Die Kaskade führt hinauf in den sonnigen Gastgarten der Kurparkdiele.

KURPARK OBERLAA

AKTIVITÄT – NATUR

Familientipp

Von Hügeln auf Blumen und Teiche schauen

Schönwetter / Paare, Familien / Dauer: mehrere Stunden / U1 Oberlaa / 10. Bezirk / Kurpark Oberlaa

Das Areal des Kurpark Oberlaa war früher eine wilde Gstettn, doch für die **WIENER INTERNATIONALE GARTENSCHAU 1974 (WIG 74)**, von der einige Objekte erhalten geblieben sind, wurde es in einen blühenden Park verwandelt. Die fast 61 Hektar große Anlage am Südosthang des Laaer Bergs ist heute ein Naherholungsgebiet, in dem Besucherinnen und Besucher aus einem großzügigen Freizeitangebot wählen können. Über das Gelände verteilen sich Themengärten, Liegewiesen, Wälder, Teiche, Spielplätze, Sportanlagen, Lokale und ein Tiergehege.

Durch den bei der U-Bahn-Station gelegenen südlichen Eingang betreten wir den Park und passieren den **KURGARTEN**, der mit seinen Blumenbeeten, Gewässern und Springbrunnen an die imperiale Pracht des Schlossgarten Schönbrunn erinnert. Ein Schild weist den Weg zum **TIERGEHEGE**, wo Alpakas, Brillenschafe und Zwergziegen grasen. Danach flanieren wir zur Skateranlage, auf der Jugendliche Kunststückchen üben. Gegenüber toben Kinder auf Schaukeln, Seilbahnen und Rutschen. Nahe dem Spielplatz befinden sich ein Beachvolleyballplatz, eine Kletterwand und eine **RIESEN-PENDELSCHAUKEL**. Ein auf Stufen künstlich angelegter Wasserfall, der Treppengarten, führt hinauf zur **KURPARKDIELE**. Das Lokal lockt mit sonnigem Gastgarten und riesigen Portionen.

Nach der Rast wandern wir bis zum **ROSENBERG**, einem treppenförmigen Hügel, auf dem rund ein Dutzend Rosenarten und vielerlei Stauden und Gräser gedeihen. Eine **FUTURISTISCHE, PINKE SKULPTUR**, die an einen Baum erinnert, thront auf der Spitze.

UNTERWEGS

MIT PLAN

DER KURPARK OBERLAA
Die Öffnungszeiten sind je nach Jahreszeit unterschiedlich (Sommer: 6–22 Uhr, Winter: 6–18 Uhr). Drehkreuze ermöglichen das Verlassen des Parks auch nach Torsperre.

www.wien.gv.at/umwelt/parks/anlagen/kurparkoberlaa.html

Der Park ist so weitläufig, dass man auch bei schönem Wetter ein ruhiges Plätzchen findet. Wer sich lieber bewegt, kann stundenlang marschieren und entdeckt dabei immer wieder Sehenswertes. Für Sportliche und Kinder ist das Angebot ebenfalls riesengroß. Unser Lieblingsplatz innerhalb des Areals ist der Filmteich. So viel Ruhe und Idylle in der Großstadt sind bemerkenswert.

Ein paar Schritte weiter folgen wir weißen Fußabdrücken in ein Eldorado für Verliebte. Im **LIEBESGARTEN**, ein Überbleibsel der WIG, blühen ausschließlich weiße Blumen. Auch Bänke, Schaukeln, Lauben und ein kurioses Gefährt sind weiß gestrichen und bieten jeweils Platz für exakt zwei Personen. Manche Paare hinterließen Liebesschlösser mit aufgemalten Herzerln.

EINST „SODOM UND GOMORRHA", HEUTE UNBERÜHRTE NATUR

Gewundene Wege führen zum **FILMTEICH**, einem etwas abseits der Hauptrouten liegenden Naturjuwel. Der Name erinnert daran, dass an diesem Ort in den 1920er-Jahren die **AUSSENAUFNAHMEN ZU DREI MONUMENTALFILMEN** gemacht wurden. Der bekannteste war „Sodom und Gomorrha" von Michael Curtiz, wie der Regisseur nach der Auswanderung in die USA hieß. Tausende Statisten wirkten in dem Film mit, für den Streifen wurde mit dem **TURM ZU BABEL** das größte Filmbauwerk heimischer Filmgeschichte errichtet. Von den Dreharbeiten blieb nichts außer die Bezeichnung für das Gewässer und die Tatsache, dass jährlich im Sommer eine dieser Produktionen in einem Open-Air-Kino im Kurpark aufgeführt wird. Auf dem Wasser schwimmt ein Schwan, Moschusenten dösen im Gras, Eichhörnchen hüpfen von Baum zu Baum. Um die sanfte Hügellandschaft wie einen riesigen Irrgarten zu betrachten, beschließen wir, die Wegweiser ab nun zu ignorieren. So manche Entdeckung lässt nicht lange auf sich warten.

WIEN SPONTAN

Meditieren im „Paradies“: Der knapp 5000 m^2 große Setagayapark bei der Hohen Warte wurde von dem japanischen Gartengestalter Ken Nakajima geplant und zählt zu den schönsten Grünoasen Wiens. Mittelpunkt des Kleinods ist das von Bogenbrücken überspannte Bächlein, das über Kaskaden und einen Wasserfall plätschert und in einen Seerosenteich mündet. Umgeben von typischer Flora entführen ein Teehaus, eine Steinpagode oder ein Bambustor nach Nippon. In einem Steinmonument ist das Wort „Furomon“, das so viel wie „zum Paradies“ bedeutet, eingraviert. Besonders schön ist die Kirsch- und Magnolienblüte von April bis Mai.

www.wien.gv.at/umwelt/parks/anlagen/setagayapark.html

~

Die vergessene Ruinenvilla im Wald bestaunen: Weit weg vom Stadtzentrum im Penzinger Rosental liegt der fünf Hektar große Dehnepark, der mehr Wald als Park ist. Hier findet man Altbaumbestand in einer hügeligen Landschaft, die von einem Bach durchflossen wird. Im Dehneteich kann man mit etwas Glück Schildkröten beobachten. Der urige Waldspielplatz, eine Obstbaumwiese, eine Riesenplatane und ein Lost Place, ein vergessener Ort, machen das Naturparadies perfekt. Die mystische Ruinenvilla war bis 1969 im Besitz des Schauspielers Willi Forst.

www.wien.gv.at/umwelt/wald/erholung/dehnepark.html

WIEN MIT PLAN

Auf botanische Weltreise gehen: Ein Geheimtipp ist das Areal des Schulgarten Kagran in der Donaustadt, das Berufsschülerinnen für Gartenbau und Floristik als Übungsgelände dient. Hier gestalten sie liebevoll Themengärten wie etwa einen Präriegarten, einen Hexen- und Gauklergarten und einen mittelalterlichen Kräutergarten. Ein wunderbares Fleckerl, einziger Wermutstropfen sind die eingeschränkten Öffnungszeiten.

www.wien.gv.at/umwelt/parks/schulgarten-kagran

WISSENSWERT

Kagrans wundersamer Ginkgobaum: Der Ginkgobaum war stets ein Überlebenskünstler und gilt als „Gruß aus der Urzeit“. Ein Vertreter der robusten Pflanze überlebte sogar den Atombombenabwurf über Hiroshima am 6. August 1945. Der Wurzelstock wurde bei der Explosion völlig zerstört, doch nur ein Jahr später trieb er wieder aus. 2012 erhielt die Stadt Wien aus Japan Samen von eben diesem Ginkgobaum. Der erste Jungbaum aus diesen Samen wurde ein paar Jahre später im Ginkgo-Goethe-Garten des Schulgarten Kagran als Symbol für den Frieden ausgepflanzt.

WEITERE T TIPPS

Oben: Der Waldseilpark ist einer der größten Hochseilgärten Europas.
Unten: Trainer Benji demonstriert die perfekte Bogenschützenhaltung.

AKTIVITÄT – NATUR

Den Bogen spannen und auf Bäume kraxeln

Schönwetter / Paare, Familien / Dauer: ab 2 Stunden / 38A Kahlenberg und Elisabethwiese / 19. Bezirk, Josefsdorf 47 / Erlebniswelt Kahlenberg

Bei Legolas, dem tollkühnen Elbenprinzen im Blockbuster „Herr der Ringe", sieht Bogenschießen elegant und draufgängerisch aus. Bei uns nicht so. Im 3D-Bogensportpark bestimmen wir zunächst unser **DOMINANTES AUGE**. Hände übereinanderlegen, eine Raute formen, durch das Loch durchschauen. „Bei dir ist es das linke, bei dir das rechte Auge", sagt Trainer Benji. Dominiert das rechte Auge, nimmt die Schützin einen Rechtshandbogen und umgekehrt. Wir bekommen einen Unterarmschutz und einen Fingerschutz aus Leder, einen Bogen sowie jeweils fünf Pfeile. Das Prozedere dauert nur wenige Minuten, danach dürfen wir ein paar Probeschüsse auf die Zielscheibe abgeben. Benji demonstriert die richtige Haltung, gibt Ratschläge und Sicherheitshinweise. Nach dem Crashkurs, den jeder Bogenschützen-Tafelklassler bekommt, begleitet er uns zum Übungsplatz im Wald, wo wir uns am ersten Parcours aufwärmen.

Die **ERLEBNISWELT KAHLENBERG** liegt vor den Toren der Großstadt eingebettet im Wienerwald. Bei der Gründung 2011 gab es lediglich den **WALDSEILPARK KAHLENBERG** und die rustikale **JOSEFINENHÜTTE**, in der für das leibliche Wohl der Gäste gesorgt wird. Durch weitere Expansionsschritte vergrößerte sich der Outdoorfreizeitpark kontinuierlich und wird mittlerweile durch ein **E-MOUNTAINBIKE CENTER** und einen **3D-BOGENSPORTPARK** ergänzt. Letzterer besteht aus drei Parcours mit insgesamt 85 Stationen und 95 3D-Zielen, die Wildtieren nachempfunden sind. Neben Exoten wie Alligator, Elefant und Nilpferd ist auch heimisches

UNTERWEGS

MIT PLAN

ERLEBNISWELT KAHLENBERG
Von März bis Ende Oktober ist die Erlebniswelt Kahlenberg geöffnet, Sperrtage und Öffnungszeiten variieren je nach Monat. Reservierungen sind nicht erforderlich. In jedem der Bereiche wird auf unterschiedliche Schwierigkeitsgrade je nach Können, Fitness und Alter geachtet. Im Waldseilpark gibt es einen Kinder- und zwei kostenlose Wichtel-Parcours.

www.erlebniswelt-kahlenberg.at

Getier wie Wolf, Steinbock und Wildschwein vertreten. Die Parcours kommen auf eine Gesamtlänge von sieben Kilometern und verlaufen durch idyllisches Waldgebiet. Jeweils **DREI UNTERSCHIEDLICHE SCHUSSDISTANZEN** zum Zielobjekt sind bei jeder Station mit verschiedenfarbigen Pflöcken markiert. Egal ob Kind, Amateur, Fortgeschrittene oder Profi, für alle gibt es einen geeigneten Schwierigkeitsgrad. Rund zwei Stunden benötigen wir für unseren ersten Parcours, der uns mehr fordert als gedacht.

„Es ist ein **RUHIGER SPORT**, ein bisschen wie Golf“, erklärt Niklas Dejaco, Gründungsmitglied und Mitbetreiber der Erlebniswelt. „Beim Bogenschießen geht man im Wald spazieren und muss sich konzentrieren.“ Das Kontemplative mache auch den Reiz dieser Sportart aus. Erweiterungspläne hegt er auch. „Wir möchten der größte Bogenparcours-Park Österreichs werden.“

SCHWINDELERREGENDE HÖHEN UND PERFEKTE MOUNTAINBIKE-TRAILS

Der benachbarte **WALDSEILPARK** ist das Herzstück der Erlebniswelt Kahlenberg und einer der größten Hochseilgärten Europas. In Höhen von ein bis 20 Meter überwinden die Besucherinnen an insgesamt 17 Parcours verschiedene Hindernisse zwischen den Bäumen. Sie **BALANCIEREN ÜBER SEILE** und eine **WACKELIGE HOLZBRÜCKE**, **KLETTERN AUF STRICKLEITERN** bis zu den Wipfeln und „fliegen“ mit einem Flying Fox durch die Lüfte. Als neueste Herausforderung lockt der **SCHRITT INS NICHTS.** Aus 10 m Höhe überwinden sich Adrenalinjunkies und steigen ins Leere, der freie Fall wird knapp vor dem Boden abgebremst. Im Juni 2021 öffnete das angeschlossene **E-MOUNTAIN BIKE CENTER** seine Pforten. „Die Lage ist für unseren Bike-Verleih perfekt geeignet. Nach ein paar Minuten Fahrzeit kann man von hier aus bereits den ersten von etlichen Trails starten oder auf einer der wunderschönen Forststraßen radeln“, schwärmt Nik.

Der Outdoorfreizeitpark auf dem Wiener Hausberg ist zudem Ausgangspunkt für viele **WANDERWEGE.** Die nahe gelegene **ELISABETHWIESE** dient Erholungssuchenden im Sommer als Picknickwiese und im Winter als Rodelhang. Nik ist überzeugt, dass diese Vielseitigkeit die Beliebtheit der Erlebniswelt ausmacht. „Hier finden alle je nach Gusto das passende Freizeitangebot. Man kann klettern, spazieren gehen, auf der Wiese liegen, ins Gasthaus einkehren, mountainbiken oder bogenschießen. Wir erheben den Anspruch, ein Naherholungsgebiet für alle zu sein.“

Die Erlebniswelt überzeugt mit ihrer genialen Lage und ihrer Vielseitigkeit.

WEITERE TIPPS

WIEN SPONTAN

Bis unters Dach des Flakturms kraxeln: Wen in der Innenstadt spontan Outdoorklettergelüste ereilen, für den ist die Kletteranlage Flakturm am Haus des Meeres die richtige Adresse. Über 25 Routen, mehr als 4000 Griffe und mehrere Schwierigkeitsgrade locken in den Esterhazypark. Die über 30 m hohe Hauptwand bietet Routen für Könnerinnen und Anfänger und führt bis unters Dach des Hochbunkers, wo die Emporkömmlinge mit einem Blick über die Stadt belohnt werden.

www.flakturm-klettern.at

~

Unter freiem Himmel auf 100 Einzelgeräten trainieren: In der Donaustadt freuen sich Sportbegeisterte über ein zwei Hektar großes Outdoorfitnesscenter mit 23 Stationen und 100 Einzelgeräten, die von Balancierparcours bis zur Hürdenstrecke und von einer Wasserskiwand bis zur Trampolinstrecke reichen. Für alle Altersgruppen und Fitnessgrade ist etwas dabei, man kann sowohl Ausdauer, Geschicklichkeit, Kraft als auch Koordination trainieren, und das bei freiem Eintritt. Im Helmut-Zilk-Park im Favoritner Sonnwendviertel gibt es eine kleinere Variante des Motorikparks.

www.motorikpark-wien.at

Radeln auf der Rüttelpiste: Der Outdoor-Radmotorikpark an der Rudolf-Nurejew-Promenade, ebenfalls Donaustadt, ist besonders für Kinder und Jugendliche geeignet und bietet auf einer Fläche von 8000 m^2 17 Stationen, etwa eine Rüttelpiste und einen Radvulkan. Gefahren werden darf mit Fahrrad, Einrad, Skateboard, Inlineskates, Scooter oder Rollstuhl. Neben dem Radmotorikpark wurde auch ein Pumptrack für Mountainbike-Neulinge angelegt. Die Benutzung ist gratis.

www.wien.gv.at/freizeit/spielplatz/radmotorikpark.html

WIEN MIT PLAN

Entlang des Donauufers schweben: Ein kleiner Schritt vom 36 Meter hohen Turm ins Leere, und schon „fliegt" man an einer 360 Meter langen Seilrutsche, dem Flying Fox, entlang des Donauufers über die Trasse der U2. Die Spider-Rock-Anlage bei der Donaumarina macht es möglich. Wer noch mehr Adrenalin tanken möchte, kann den freien Fall mithilfe des Power Fan aus 36 Metern Höhe wagen. Fühlt sich waghalsig an, ist aber ungefährlich. Der Fall wird von einem ausgeklügelten technischen System gebremst. Termine müssen vorab gebucht werden.

www.spider-rock.at

Oben: Mehr als ein Dutzend Bootsverleihe säumen die Ufer.
Unten: Ein 13 km langer Rad- und Spazierweg führt rund um die Alte Donau.

AKTIVITÄT
NATUR

Familientipp

Die Seensucht mit dem Rad oder zu Fuß stillen

Schönwetter / Paare, Familien / Dauer: ab 2 Stunden / U1 Alte Donau, U2 Donaustadtbrücke und U6 Neue Donau / 21. und 22. Bezirk

An diesem herrlichen Altweibersommertag ist der am Wasser gelegene Schanigarten des **STRANDGASTHAUSES BIRNER** an Wiens „Quasi-See“ gut besetzt. Die Kellner des Traditionswirtshauses tragen unentwegt beladene Tabletts über die Straße, um die Gerichte von der Küche zu den Gästen zu bringen. Das Lokal wurde 1839 gegründet und ist das Gegenteil eines Geheimtipps. Die pittoreske Lage und die kultige **FISCHBEUSCHELSUPPE** ziehen Ausflüglerinnen und Sonnenanbeter schon lange magisch an. Seit 2007 gibt es einen Grund mehr, beim Birner vorbeizuschauen, nämlich die angeschlossene Eisdiele, in der original italienisches Eis aus eigener Produktion verkauft wird. Der Renner bei Kindern ist eindeutig dieses schlumpfblaue **KAUGUMMIEIS**, das auf jeder Tüte leuchtet, die von kleinen Händen gehalten wird. Der Birner ist auch ein möglicher Startpunkt für den **WIENER WASSERWEG**, ein 13 km langer Rad- und Spazierweg rund um die Alte Donau. Die Stadt ließ dafür eine **APP** entwickeln, die mit Orientierung und Hintergrundinformationen entlang der Route versorgt. Auf dem digitalen Plan markieren 22 rote Punkte jeweils einen Standort an der Alten Donau und verraten per Klick Wissenswertes über die Stationen. Wir erfahren, dass man vom Birnersteg, der das Strandgasthaus mit dem gegenüberliegenden Angelibad verbindet, eine Vielzahl an Fischen beobachten kann. Die App offenbart, dass der **WELS** bevorzugt am Steg des Polizeibades laicht und der berühmte Meeresforscher **HANS HASS** (1919–2013) seine ersten Tauchversuche Anfang der 1930er-Jahre in der Alten

UNTERWEGS

MIT PLAN

RAFTEN AUF DER DONAUINSEL

In der Nähe des Donaukraftwerks Freudenau liegt die VERBUND Wasserarena, eine 250 m lange künstliche Wildwasseranlage. Bis zu zwölf Kubikmeter Wasser pro Sekunde verwandeln sich durch Pumpen in einen wilden Strudel mit unregelmäßigen Wellen, Walzen und Wirbeln. Im Team und in Begleitung eines Raftguides können mit dem Schlauchboot bis zu 15 Wildwassertouren bewältigt werden.

www.viennawatersportsarena.at

Um die vielen Freizeitmöglichkeiten an der Alten Donau überblicksmäßig kennenzulernen, umrundeten wir das Badeparadies mit dem Rad und nutzten als Orientierungshilfe die App. Die Tour ist wunderschön, kinderleicht zu fahren und das perfekte Programm für warme, aber nicht mehr ganz so heiße Tage.

Donau unternahm. So steigert die Rundfahrt sowohl Fitness als auch Allgemeinbildung.

EIN KATZENSPRUNG VON DER CITY ZUM URLAUBSPARADIES

Im Zuge der Donauregulierung in den Jahren 1870 bis 1875 wurde als Hochwasserschutz der frühere Donauhauptarm vom neu gegrabenen Strom abgetrennt. Das nunmehrige Binnengewässer Alte Donau erstreckt sich auf einer Fläche von rund 1,6 km² halbkreisförmig durch Floridsdorf und die Donaustadt, die Kagraner Brücke trennt die Obere von der Unteren Alten Donau. Das Urlaubsparadies ist von der City in wenigen Minuten mit der U-Bahn erreichbar, eine Freizeiteinrichtung reiht sich an die andere. Besucherinnen haben die Qual der Wahl zwischen elf Strandbädern. Das bekannteste ist das **GÄNSEHÄUFEL**, das über einen zwei Kilometer langen Strand verfügt und so groß ist wie ein ganzer Stadtteil. Die legendäre Anlage mit den denkmalgeschützten **KABANEN** ist das einzige heimische Freibad mit einem FKK-Bereich. Zudem wird die Alte Donau von vielen Gratis-Badeplätzen gesäumt, etwa der **KAISERWIESE**, der **LAGERWIESE**, der **REHLACKE** und der **STROMBUCHT** sowie zahlreichen Badestegen. Bald wird es auch eine große Liegewiese mit kostenlosem Zugang nahe dem Mühlschüttelpark geben, die im Laufe der nächsten Jahre häppchenweise eröffnet wird. Rund 40 Gastronomiebetriebe, davon einige Uferrestaurants und mehr als ein Dutzend Bootsverleihe (→ Seite 50 ff.) sorgen dafür, dass die Wiener ihre „Seensucht" direkt in ihrer Heimatstadt stillen können.

WEITERE TIPPS

DIE ALTE DONAU SPONTAN

Zum Alte-Donau-Profi werden: Der virtuelle Tour-Guide „Wiener Wasserweg" verrät die Standorte von Freizeiteinrichtungen und WC-Anlagen sowie Wissenswertes rund um die Alte Donau. Er beinhaltet auch einen Quizmodus, der den Spaziergang oder die Radtour in eine Rätselrallye für Groß und Klein verwandelt. Die App gibt es zum kostenlosen Download.

www.wien.gv.at/umwelt/gewaesser/alte-donau/life/massnahmen/wasserweg.html

WIEN SPONTAN

Ripperl auf dem Floß vertilgen: Das Traditionslokal „Strandcafé" an der Alten Donau ist berühmt für seine köstlichen Sparerips. Das Krusterl ist perfekt und die Portion so groß, dass man sie nur zu zweit schafft. Wir speisen auf einem Holzfloß-Gastgarten direkt auf dem Wasser mit Sicht auf die Donaucity-Skyline. Eine coolere Sommerlocation mitten in der Stadt ist schwer zu finden. Die Tische sind begehrt, eine Reservierung empfehlenswert.

www.strandcafe-wien.at

Am neuen Freibeuter-Strand entspannen: Wien spielt im Sommer wirklich alle Stückerln: 2021 wurde die „Pirat Bucht" eröffnet, ein 200 Meter langer Sandstrand mit weitläufigen Liegewiesen und schattenspendenden Pappeln am Ufer. Das Freibeuter-Areal liegt am Kaisermühlendamm an der Neuen Donau, ist 3500 m^2 groß und frei zugänglich. Die Badeeinstiege sind flach, auch Sitzgelegenheiten stehen zur Verfügung.

www.wien.gv.at/freizeit/baden/natur/piratbucht-sandstrand-neue-donau.html

~

Hüpfen wie ein Frosch im Wasser: Blickt man von der Reichsbrücke hinab zur Uferpromenade, könnte man glauben, dass die Springginkerl dort unten direkt auf dem Wasser hüpfen. Weit gefehlt, sie springen auf der größten schwimmenden Trampolinanlage der Welt, die aus mehr als 30 übergroßen Trampolinen gebildet wird. Dahinter liegt der Copa Beach, ein mit Sand aufgeschütteter Urlaubstraum am Donauufer, der mit Liegestühlen und Holzstegen im Wasser lockt.

www.danubejumping.at

Oben: Das Zaha-Hadid-Haus ist ein architektonischer Blickfang.
Unten: In dem Gewölbe der alten Stadtbahn ist „Das Werk" beheimatet.

AKTIVITÄT NATUR

Den Stadtstrand unter die Lupe nehmen

Schönwetter / Paare, Familien /
Dauer: nach Lust und Laune / U1 und U4 Schwedenplatz,
U2 und U4 Schottenring / 1., 2., 3., 9., 19. und 20. Bezirk

Zwischen Nussdorf und Praterspitz fließt der rund 17 Kilometer lange Donaukanal, die Aorta eines hippen Freizeit- und Erholungsraums. Entlang des Kanals verlaufen Rad- und Spazierwege, die von Lokalen und imposanten Gebäuden wie dem 60 Meter hohen Ringturm oder der Ruprechtskirche gesäumt werden. Zudem herrschen hier paradiesische Zustände für Graffitisprayerinnen und Streetart-Künstler. Sie schufen auf den Mauern rund um das Fließgewässer überdimensional bunte Hingucker. Laut der britischen Zeitung „The Guardian" reiht sich der Donaukanal in die zehn schönsten Stadtstrände Europas ein. Grund genug, um den ehemaligen Hauptarm der Donau (bis etwa 1700) genauer unter die Lupe zu nehmen.

Wir sind heute mit dem Fahrrad unterwegs und starten unsere Tour bei der Salztorbrücke, bei der wir die Rampe zur Uferpromenade hinunterrollen. Auf diesem Areal heizen Grillfans ab Advent in den rund ein Dutzend Hütten des Feuerdorfs ordentlich ein, doch der Winter ist noch fern. Stromaufwärts geht es an den **SCHWIMMENDEN GÄRTEN**, einer etwa 1500 m² großen, 2020 neu erschlossenen Erholungsfläche und dem legendären **CLUB FLEX** mit seinen kreativ drapierten und begrünten Einkaufswägen vorbei. Ein Stück weiter liegt die Freizeitmeile **SUMMERSTAGE**, die mit ihren coolen Lokalen, dem Beachvolleyballplatz unter Palmen, Boulebahnen und diversen Events als Tummelplatz für Chillwütige gilt. Auf der nächsten Teilstrecke staunen

UNTERWEGS

MIT PLAN

DER DONAUKANAL
Das gastronomische Angebot am Kanal ist vielfältig und ändert sich immer wieder.
Hier noch einige Tipps:

www.a-list.at/wien/essen-trinken/l/donaukanal-sommer-restaurants-lokale-bars.html

wir über die vielen visuellen Highlights am Wegesrand. Den Anfang macht das **ZAHA-HADID-HAUS** an der Spittelauer Lände, ein dreiteiliger Wohnblock auf Stelzen, den wir genauer inspizieren. Das Gebäude ist nicht nur architektonisch ein Blickfang, 2020 wurde die Fassade überdies von Graffitikünstlern mit Motiven wie etwa einem riesigen Oktopus aufgepeppt. Ein paar Pedaltritte sind es bis zur Kunst- und Kulturinitiative **DAS WERK**, die in den Gewölben der alten Stadtbahn beheimatet ist und in herrlich abgenutzten Locations mit Konzerten, Lesungen, Theater und Vernissagen lockt. Zudem hat sich die Gegend zu einem **GRAFFITI- UND STREETART-HOTSPOT** entwickelt, zu dem es mittlerweile auch Führungen gibt. Beide Seiten der alten Stadtbahnbögen dienen als perfekte Leinwand für die erste **OUTDOORGALERIE WIENS**, an der auch internationale Künstlerinnen mitwirken.

In unmittelbarer Nachbarschaft befindet sich eine Institution des Wiener Nachtlebens. Der Technoclub **GRELLE FORELLE** ist für seine sensationelle Lichtinstallation und die riesige Terrasse direkt am Wasser bekannt. Weiters passieren wir die **MÜLLVERBRENNUNGSANLAGE SPITTELAU** mit ihrem berühmten Hundertwasser-Design, fahren weiter zur Nussdorfer Wehr und überqueren hier die **SCHEMERL-BRÜCKE** mit den markanten Bronzelöwen. Das Kennerauge bemerkt sofort, dass Otto Wagner hier seine begabten Finger im Spiel hatte.

PARTY- UND KUNSTMEILE IN DER LEOPOLDSTADT

Auf der anderen Seite des Kanals strampeln wir am Treppelweg stadteinwärts. Von hier aus lässt sich der monumentale Oktopus auf der Fassade des Zaha-Hadid-Hauses noch besser betrachten. Danach folgen Parks und grüne Wiesen, bis Otto Wagner den Lokalreigen an der Oberen Donaustraße eröffnet. Das **SCHÜTZENHAUS** ist ein von ihm entworfenes Jugendstilgebäude, das ursprünglich als Teil einer Schleusen- und Wehranlage am Donaukanal geplant war, heute werden hier traditionelle Speisen und erlesene Weine kredenzt. Danach sorgt wie an einer Kette aufgefädelt ein gut besuchtes Lokal nach dem anderen für maritime Urlaubsgefühle. Nach der Schwedenbrücke unterbricht der Bär das Steppen. Wir passieren die **KUNSTMEILE „AGORA“** und radeln weiter bis zum **CENTRAL GARDEN** und der angenehm unprätentiösen **HAFENKNEIPE** nahe der Franzensbrücke. Wer den Trubel im Zentrum nicht mag, wird die beiden abgelegenen Locations zu schätzen wissen. Von hier brauchen wir etwa eine Viertelstunde bis zum **ERDBERGER STEG**, über den wir vom 2. in den 3. Bezirk und dann stromaufwärts Richtung City fahren. Zwischen Rotunden- und Franzensbrücke verläuft am Ufer ein Fußweg, der nach Friedensreich Hundertwasser (1928–2000) benannt ist. Der Künstler wuchs hier in der Nähe auf und verewigte sich entlang des Donaukanals in mehrerlei Hinsicht. Zudem ist dieser Teil der Strecke besonders naturnah gestaltet und idyllisch.

Lebhaftes Treiben herrscht wieder ab **HERMANNS STRANDBAR.** Das Publikum entstresst sich in Hängematten und Liegestühlen bei DJ-Sessions. Auf dem nahe gelegenen **BADESCHIFF** schlürfen die Gäste auf oder unter Deck Cocktails und planschen im Pool. Das Winteralternativprogramm auf dem schwimmenden Freizeitparadies lautet Punsch trinken und Eisstockschießen. Vis-à-vis vom Badeschiff erhaschen wir einen Blick auf den **TAUCHER MIT DEM ROSA STROHHALM.** Das Graffiti besteht seit 2012, und das ist durchaus eine Besonderheit, die meisten werden rasch übermalt. Wer es lieber im venezianischen Stil der 1950er-Jahre mag, kehrt in das in Spuckweite befindliche Restaurant **MOTTO AM FLUSS** ein. Der architektonisch spektakuläre Panoramapfahlbau, der an ein Schiff erinnert, punktet nicht nur mit seiner prominenten Lage, sondern auch mit dem für Langschläfer unwiderstehlichen Frühstück bis 16 Uhr. Ein letztes Mal queren wir an diesem Tag den Kanal und steuern das Lokal **BLUMENWIESE** an, dessen Name übrigens nicht Programm ist. Eine Blumenwiese ist hier weit und breit nicht zu sehen, dafür gibt es einen aufgeschütteten Sandstrand mit Liegestühlen. Von hier aus lassen sich der Sonnenuntergang und die Lichtspiele der Großstadt wunderbar beobachten.

Der Stadtstrand ist mittlerweile cool und hip. Wenn man sich für den Donaukanal Zeit nimmt und mit offenen Augen unterwegs ist, warten viele Überraschungen und eine Auszeit mit maritimem Flair mitten im Binnenland.

WEITERE TIPPS

WIEN SPONTAN

Asymmetrische Kunst genießen: Ein buntes und begrüntes Gebäude mit asymmetrischen Strukturen liegt direkt neben dem Donaukanal und trägt unverkennbar die Handschrift von Friedensreich Hundertwasser. Das KUNST HAUS WIEN im 3. Bezirk wurde vom Meister designt und präsentiert die weltweit einzige permanente Werkschau des Künstlers. Es ist das erste grüne Museum der Stadt, zeigt zudem wechselnde Sonderausstellungen und beherbergt ein Bistro sowie einen Museumsshop.

www.kunsthauswien.com

~

In der Spittelau Energie begreifen: Apropos Friedensreich Hundertwasser: Dank ihrer von dem Künstler gestalteten Fassade gilt die Müllverbrennungsanlage Spittelau als eines der Wahrzeichen der Stadt. Im Inneren wurde mit der Wien Energie-Erlebniswelt ein lehrreiches Freizeitangebot geschaffen. Auf 20 interaktiven Stationen können große und kleine Besucherinnen etwa durch Tanzen oder Fahrradfahren Strom erzeugen, Photonenbälle werfen und mithilfe einer Wärmebildkamera herausfinden, welcher Körperteil am kältesten ist. Man kann alleine durchgehen oder eine zweistündige Führung buchen. Auch diverse andere Themenführungen durch das Gebäude werden angeboten.

www.wienenergie.at

Vom Wasser aus auf Wien schauen: Der Donaukanal lässt sich auch gut vom Wasser aus erkunden. Die DDSG Blue Danube bietet eine 1,5-stündige Donaukanal-Tour (City Cruise) vom Schwedenplatz bis zur Schleuse Nußdorf und retour an. Die Große Donaurundfahrt startet ebenfalls am Schwedenplatz und fährt bis zur Reichsbrücke, jedoch nur in eine Richtung. An Bord befindet sich ein Restaurant, auch über die umliegenden Sehenswürdigkeiten wird informiert.

ddsg-blue-danube.at

RADVERLEIH
UND HOCHSCHAUBAHN

AKTIVITÄT
NATUR

Familientipp →

Im grünen Prater in Rikscha-Pedale treten

Schönwetter / Paare, Familien / ab 10 Uhr bis zum Sonnenuntergang / U1 und U2 Praterstern, U2 Messe / 2. Bezirk, Eingang hinter Schweizerhaus / Radverleih und Hochschaubahn

Rikschafahren ist anders als Fahrradfahren. Gemütlicher, standsicherer und unterhaltsamer. Das Tretmobil ist für den normalen Straßenverkehr zugelassen, wegen der Breite aber auf Radwegen verboten. Beim Treten ist der Widerstand gering, Gangschaltung ist keine vorhanden. Unsere Rikschas borgen wir uns bei jenem Radverleih aus, der an **WIENS ÄLTESTE HOCHSCHAUBAHN** angeschlossen ist. Dazu später.

Die Verleihstation liegt quasi direkt an der Prater Hauptallee. Mit Ausnahme der vorbeidampfenden Liliputbahn ist unser Fortbewegungsmittel das auffälligste auf der breiten Promenade. Wir starten mit einem Abstecher zur ältesten noch erhaltenen Brücke Wiens, dem **KONSTANTINSTEG**, gelegen beim gleichnamigen Hügel und Teich. Rikschafahren verbindet, zumindest mit anderen Rikschafahrerinnen. Zwischen oberem und unterem Heustadlwasser liefern wir uns zur Freude der Kinder ein Hatzerl mit einer jungen Familie. Die weitere Fahrt verläuft gemächlich. Nach rund zwanzig Minuten erreichen wir das **LUSTHAUS**, das heimliche Wahrzeichen der Prater Hauptallee. Früher feierte der Adel in dem noblen Barockpavillon, heute kehren hier Ausflügler in ein Café-Restaurant ein. Nach einem Fotostopp fahren wir weiter über die Aspernallee bis zur **WALLFAHRTSKIRCHE MARIA GRÜN**. Das kleine Gotteshaus liegt mitten in der Auenlandschaft und ist ein idyllisches Plätzchen. Kaum vorstellbar, dass dieser Ort dereinst als Endstation für die Liliputbahn geplant war. Wir radeln

Oben: Am rechten Donauufer pausieren wir vor der Friedenspagode.
Unten: Direkt beim Happelstadion werden sensationelle Käsekrainer gebraten.

UNTERWEGS

MIT PLAN

RADVERLEIH & HOCHSCHAUBAHN

Der Praterbetrieb verleiht neben Rikschas (4-Sitzer und 2-Sitzer, zusätzlich Platz für zwei Kleinkinder) auch Tandems, Trekking-, BMX- und Kinderräder, City- und Mountainbikes und ein Handbike (auch für Beeinträchtigte). Geöffnet ist bei Schönwetter von März bis Oktober täglich ab 10 Uhr, die Preise für den Verleih sind gestaffelt. Hinter die Kulissen der Hochschaubahn darf man im Zuge der Prater Adventure Tour (→ Seite 179) blicken.

www.radverleih-hochschaubahn.com/Radverleih

weiter entlang dem Stadtwanderweg Nummer 9 und biegen beim Krebsenwasser links ab, überqueren die Grünhaufenbrücke und treten bis zur **FRIEDENSPAGODE WIEN**, dem strahlend weißen Blickfang am rechten Donauufer. Der 26 m hohe buddhistische Kultbau ist eine Einladung zum Innehalten. 200 m stromaufwärts der Pagode ankert neben anderen historischen Schiffen das **MUSEUMSSCHIFF FRÉDÉRIC MISTRAL**, Baujahr 1914. Der Dampfer soll für kaiserliche Inspektionsfahrten durch die Monarchieländer gebaut worden sein. Der heutige Besitzer, Kapitän Franz Scheriau, führt gegen ein geringes Entgelt durch seine kleine Flotte. Auf dem Rückweg machen wir noch einen Schlenker in die Meiereistraße, um uns beim legendären **WÜRSTELSTAND STADION** direkt vor dem Happelstadion die sensationellen Käsekrainer zu gönnen. Gleich gegenüber befindet sich die **TRABRENNBAHN KRIEAU**, in der man an manchen Wochenenden noch immer auf Pferde wetten kann. In ihrer Nähe, allerdings etwas versteckt, stehen noch Überbleibsel der Weltausstellung 1873. Die **PAVILLONS DES AMATEURS** waren Teil des Ausstellungsareals, zeigten Kunstgegenstände aus verschiedenen Ländern und dienen heute als Ateliers.

UNTER DEN BERGEN DER ZWERGERL-HOCHSCHAUBAHN

„Heute steigen wieder alle Generationen, auch viele Junge, bei uns ein", sagt Ing. Hubert Pichler. Es müsse ja nicht immer so adrenalinfördernd sein. Er ist der Betreiber des Radverleihs und der ältesten Wiener Hochschaubahn (gebaut 1948–1950), im Volksmund **ZWERGERLBAHN.** Nach einer Testrunde lautet unser Resümee: Die Fahrt inmitten der künstlichen Gebirgslandschaft ist gerade so wild, dass Erwachsene noch ihren Spaß haben und sich Kinder trotzdem nicht fürchten. Pichler hat den Familienbetrieb in den 1970er-Jahren übernommen, die Bahn im Laufe der Jahrzehnte modernisiert und dennoch die Optik im Originalzustand erhalten. Die Fahrräder, die seit 1980 verliehen werden, erweitern sein Angebot.

Herr Pichler lädt uns ein, das Innenleben der Anlage zu besichtigen und führt uns in ein Gebilde mit einer **UNGLAUBLICHEN HOLZKONSTRUKTION.** Neben der darin integrierten Werkstätte hören wir den Motor brummen, der den Kettenlift antreibt, um die Waggons auf den Berg zu ziehen. Als die Bahn über unseren Köpfen steil bergab fährt, übertönt das Gekreische der Passagierinnen die Mechanik. „Die Zwergelbahn ist ein Holzbau mit konventioneller Schienenanlage", erklärt uns der Betreiber. Deswegen sitzt auch immer ein Bremser im letzten Waggon, um die Garnitur sicher über die Strecke zu führen. Die Zwergerlbahn ist **EINES DER ÄLTESTEN FAHRGESCHÄFTE** im Vergnügungspark und ein erhaltenswertes Kulturgut. Pichlers Herz hängt nicht nur an ihr, sondern am gesamten Rummelplatz. „Der ganze Prater ist ein Juwel."

Der Ausflug mit der Rikscha war vergleichbar mit einer Kutschenfahrt, nur dass wir uns selber abstrampelten. Man sitzt im selben Gefährt und tratscht wie in einem Auto, aber ohne Emissionen. Die Fahrt mit der zauberhaften Zwergerlbahn war für uns eine wunderbare Kindheitserinnerung!

WIEN MIT PLAN

Hinter die Kulissen des Praters blicken: Im Zuge der Prater Adventure Tours ist es möglich, einen Blick hinter die Kulissen einzelner Fahrgeschäfte im Prater, etwa der Zwergerlbahn, zu werfen. Die Erlebnistouren führen zu traditionellen und modernen Attraktionen, mit denen die Teilnehmerinnen auch fahren können. Der Guide gibt unterhaltsame G'schichterln und Anekdoten zum Besten. Die Touren sind von März bis Oktober ab einer Gruppe von zehn Personen buchbar und dauern bis zu drei Stunden. Führungen zu anderen Themen werden ebenfalls angeboten.

www.prater-adventuretour.com

WIEN SPONTAN

Das Adrenalin zum Schießen bringen: Für Herzrasen sorgt die Adrenalincard, mit der man innerhalb von 24 Stunden mit sechs wilden Praterattraktionen fahren kann. Das Package inkludiert drei Achterbahnen (Super 8er Bahn, Mega Blitz & Volare), eine Geisterbahn (Hotel Psycho), ein spektakuläres Ringelspiel (Extasy) und den Wiener Freifallturm (85 Meter freier Fall). Adrenalinjunkies werden diese Höllenritte lieben.

pratercard.at/adrenalincard

~

Die Stadt im Miniaturformat erleben: Wien im Maßstab 1:87 ist in der Praterattraktion „Königreich der Eisenbahnen" zu bestaunen. Die Modelleisenbahnanlage zeigt Ausschnitte der Stadt im Miniaturformat mit simulierten Tageszeiten, bewegten Fahrzeugen und mehr als 70 Wahrzeichen. Auf Knopfdruck ist es Besuchern möglich, einzelne Szenerien zum Leben zu erwecken, etwa ein Falco-Konzert auf der Donauinsel. In den nächsten Jahren wird weiter ausgebaut. Nach niederösterreichischen Teilstücken wie etwa der Wachau, dem Semmering und der Mariazeller Bahn folgen „Zug um Zug" die restlichen Bundesländer. Mit einer geplanten Fläche von 1000 m^2 soll das „Königreich der Eisenbahnen" zu einer der größten Modelleisenbahnanlagen der Welt werden.

www.koenigreich-der-eisenbahnen.at

~

Dem Essen beim Loopingdrehen zuschauen: Ein Gastronomiebetrieb mit hohem Erlebnisfaktor ist das ROLLERCOASTERRESTAURANT® am Riesenradplatz. Im zweistöckigen Achterbahnlokal mixen Roboter die Cocktails und unterhalten die Gäste mit verschiedenen Showeinlagen wie Lichtschwertkämpfen und Tanzeinlagen. Die per Tablet bestellten Getränke und Speisen, werden auf einer „Achterbahn" mit 30 km/h durch Loopings, Steilkurven und Spiralen katapultiert, ehe sie auf einem Transportschlitten zu den Tischen gleiten.

www.rollercoaster.rest

WEITERE TIPPS

Im Böhmischen Prater wartet ein Rutschturm auf kleine Gäste.

WIEN SPONTAN

MIT KINDERN

Mit diesen Tipps ist Unterhaltung für die ganze Familie garantiert.

1 LIPIZZANER SCHAUEN IM PARK

Wer spontan Lust auf einen Besuch bei den Lipizzanern hat, sollte einen Spaziergang in den nahe gelegenen Burggarten unternehmen. Den Hengsten stehen hier vier Koppeln zur Verfügung, in denen sie sich meist vormittags abwechselnd für rund ein, zwei Stunden täglich im Grünen vom „Ballett" in der Spanischen Hofreitschule erholen können. In der Zeit von April bis Oktober trifft man die Pferde bei Schönwetter im Burggarten an, die Uhrzeit variiert je nach Trainingsplan.

www.bundesgaerten.at

2 KUCHEN ESSEN WIE BEI OMA

Retromöbel, gestickte Bilder an der Wand und Kuchen backende Omas: Das Café Vollpension in der Schleifmühlgasse spielt augenzwinkernd mit Klischees und hat damit offenbar den Zeitgeist getroffen. Passend zum Ambiente sind ein großer Teil der Mitarbeiter Rentnerinnen, die geringfügig angestellt sind. Die Omas und Opas, wie sie liebevoll genannt werden, backen nach eigenen Rezepten, helfen in der Küche oder servieren das Essen. Seit Oktober 2019 hat die Vollpension eine Dependance im 1. Bezirk.

www.vollpension.wien

3 VOR DEM FILM FRÜHSTÜCKEN ODER BABYS WICKELN

Einmal im Monat am Dienstagvormittag verwandelt sich das Votivkino am Alsergrund in einen Treffpunkt für frisch gebackene Eltern. Das Babykino zeigt Filme bei gedämpftem Licht und leisem Ton, im Foyer stehen Wickeltisch und Flaschenwärmer bereit. An Sonntagvormittagen von Oktober bis Juni wird hier vorm Filmschauen geschlemmt. Auch das Top Kino in Mariahilf hat jeden Sonntagvormittag ein Filmfrühstück im Angebot.

www.votivkino.at, www.topkino.at

4 KAFFEE TRINKEN UND KATZEN KRAULEN

Das Café Neko ist das weltweit erste Katzen-Café außerhalb Asiens und befindet sich in der Wiener Innenstadt. Fünf Samtpfoten bewegen sich frei im Gastraum und lassen sich, wenn es ihnen beliebt, von den Gästen streicheln. Fotos der Katzen samt Beschreibungen ihrer Charaktere sind auf den Speisekarten abgebildet.

www.cafeneko.at

Lernen, Rätseln, Beobachten –
die Stadt wird zur Spielwiese

Spontan MIT PLAN

ERFORSCHEN & ERFAHREN

Der Stephansdom birgt Geheimnisse, die es zu lüften gilt.

ARCHÄONOW

ERFORSCHEN ERFAHREN

Rätsel der Innenstadt mit modernster Technik lösen

Schön- und Schlechtwetter / Paare, Freunde / Dauer: ca. 2 Stunden / Individuelle Auswahl eines Tourtermins / U1 und U3 Stephansplatz / verschiedene Stationen im 1. Bezirk / ArchäoNOW

Einen Freimaurer-Code knacken, durch Wände sehen, mysteriöse Gegenstände suchen oder das Geschlecht eines Schädels aus der Zeit der Napoleonischen Kriege bestimmen: Schritt für Schritt lüften wir ein Rätsel ums andere. Ein analoger Spielbogen lotst uns durch die Innenstadt, bis wir auf dem Smartphone-Display ein weiteres virtuelles Objekt entdecken. Wir stecken die Köpfe zusammen und betrachten staunend das Bild eines längst verschwundenen Bauwerks. Es stand einst exakt an diesem Ort und wurde so detailgetreu wie möglich nachempfunden, und birgt ein Geheimnis, das wir ergründen sollen. Wir öffnen weitere virtuelle Fenster, um historische Gebäude oder Gegenstände in digitaler Form an ihren ursprünglichen Standorten wiederauferstehen zu lassen. Ein Blitz auf dem Display symbolisiert uns, dass wir auf das analoge Equipment in dem beigestellten Rucksack zurückgreifen sollen.

Als vierköpfiges Team testen wir Wiens erste **AUGMENTED REALITY (AR) RÄTSELRALLYE**, eine Tour, bei der die reale Umgebung in Echtzeit mit digitalen Bildern und Effekten kombiniert wird. Veranstalter der Schnitzeljagd ist der innovative Tourenanbieter **ARCHÄONOW**, als Grundlage für das Spiel dienen historische Fakten und Hintergründe. Ausgerüstet mit zwei speziellen AR-Smartphones, einer interaktiven Karte, einem Rätselbogen und einem Beutel mit Hinweisen und Hilfsmitteln werden wir durch die Innenstadt navigiert, bis wir als letzte Aufgabe einen historischen Mordfall aufklären müssen. Nachdem wir den Mörder enttarnt haben, wartet auf uns eine kleine Belohnung, die sich in einer Schatzkiste verbirgt.

UNTERWEGS

MIT PLAN

AUGMENTED REALITY (AR) RÄTSELRALLYE

Vor dem Spiel wird man eingewiesen, ein Team besteht aus maximal vier Personen. Die Touren sind individuell buchbar, bei größeren Gruppen treten die Teams gegeneinander an. Die AR-Rätselrallye richtet sich an Erwachsene und ist eine der anspruchsvollsten Touren des Anbieters. Das Unternehmen bietet noch weitere Schnitzeljagden an, u. a. „Escape the Hofburg" oder „Die schaurige Stadt" sowie spezielle Touren für Kinder und Familien.

www.archaeo-now.com

„HÖCHSTES TECHNISCHES NIVEAU"

„Wir sind die Ersten, die eine Outdoorrätseljagd mit AR kombinieren", erklärt ArchäoNOW-Gründerin Miriam Weberstorfer. „Gemeinsam mit unserem Partner Franco Lanfur von VARS scannten wir die Umgebung und programmierten für jede Station eine eigene App. Das ist derzeit das höchste technische Niveau." Teils unbegehbare oder nicht mehr existente **ORTE UND OBJEKTE WURDEN VIRTUELL REKONSTRUIERT.** Als das Unternehmen 2019 mit der AR-Tour startete, stellte das ArchäoNOW-Team seine Innovation sogar in San Francisco für Gäste aus dem Silicon Valley vor. Lanfur und ein Architekt, der sich mit der virtuellen Konstruktion von alten Gebäuden beschäftigt, um sie wieder sichtbar zu machen, hatten die Gründerin inspiriert. „Ich war begeistert von der Idee, in Form eines Spiels Historisches auf moderne Art erlebbar zu machen." Auf Authentizität werde besonderes Augenmerk gelegt. „Die Objekte gaben wir historisch so detailgetreu wie möglich wieder und platzierten sie dort, wo sie sich auch in der Realität befanden", betont sie. „Egal ob Kupferstiche, Malereien oder alte Fotografien, wir verwenden alles, was man über das Gebäude oder den Gegenstand weiß, als Grundlage für unsere Bilder."

Das Angebot an Rätselrallyes ist mittlerweile unüberschaubar geworden. Die AR-Tour von ArchäoNOW ist jedoch ein vollkommen neues Erlebnis: Die Schnitzeljagd ist fordernd und macht Spaß, der Clou sind die virtuellen Effekte.

RÄTSELTOUREN IN WIEN MIT PLAN

Den Auftrag Ihrer Majestät erfüllen: Bei der Tour „Im Auftrag Ihrer Majestät“ reisen die Teilnehmerinnen zurück ins 18. Jahrhundert und stellen sich in den Dienst Maria Theresias. In Begleitung eines Guides lösen sie in der Innenstadt ein mysteriöses Rätsel aus der Vergangenheit und werden nebenbei mit Wissenswertem aus der Zeit der Herrscherin versorgt. Die royale Schnitzeljagd wurde mit dem Publikumspreis des Creativ Business Award gekrönt. Auch eine Mission im Dienste Kaiser Franz Josephs wird angeboten. Sie führt entlang der Ringstraße und soll das Attentat auf den Regenten verhindern. Die Touren sind individuell und ab zwei Personen buchbar: Die Dauer beträgt etwa 90 Minuten, historisches Vorwissen ist nicht erforderlich.

www.im-auftrag-ihrer-majestaet.at

~

In Museen nach Schätzen suchen: Kunstfans werden die „Mystery Hunt“ lieben, die je nach persönlichem Gusto durch die Räumlichkeiten des Kunsthistorischen Museums oder der Albertina führt. Die analoge Jagd nach Mysterien besteht aus Such- und Logikrätseln sowie Teambuildingaufgaben, in die auch Exponate der Museen eingebunden sind. Drei verschiedene Mystery Hunts stehen zur Auswahl, sie dauern zwei Stunden und sind ab vier Personen möglich.

www.mystery.at/kk

Als Avatar im Mönchsgewand den Dämon vertreiben: Der First Escape im 1. Bezirk ist auf Escape-Room-Erlebnisse mit audiovisuellen Effekten spezialisiert. Das Highlight ist „Dark Chapel“, bei dem es darum geht, ein Dorf von einem Dämon zu befreien. Die Spieler verwandeln sich mithilfe einer neuen VR-Technologie in virtuelle Avatare, die sie vollständig steuern, da das System die eigenen Arme, Beine und sogar Finger erkennt. Das Besondere an dieser Technologie ist, dass sich die Spielenden in dem 70 m^2 großen Spielbereich frei bewegen, virtuelle Gegenstände real (be)greifen und ihre Avatare miteinander interagieren lassen können. Als Mönche tauchen sie in eine faszinierende Hightech-Abenteuerwelt ein. Zwei bis vier Spieler, Dauer 45 Minuten.

www.firstescape.at/de/quest/chapel

~

Mit Virtual Reality von der Türkenbelagerung bis ins Jahr 1945 reisen: Dank moderner Technik braucht man nur eine spezielle Brille aufzusetzen, und los geht der virtuelle Trip in die Vergangenheit. 360-Grad-3D-Animationen in Virtual Reality (VR) erwecken die Wiener Stadtgeschichte vom 15. Jahrhundert bis zum Ende des Zweiten Weltkriegs zum Leben. Die Tour führt durch den 1. Bezirk und dauert zwei Stunden.

vrtoursvienna.com

WEITERE TIPPS

Im Sterngarten wird die Zeit
auf einer riesigen Sonnenuhr abgelesen.

ERFORSCHEN ERFAHREN

Die Gestirne des Himmels im Freiluftplanetarium beobachten

Schönwetter / Familien, Paare / Dauer und Uhrzeit je nach Veranstaltung unterschiedlich / 60A Kasernstraße / 23. Bezirk, 150 m südwestlich der Wotrubakirche/ Freiluftplanetarium Wien – Sterngarten Georgenberg

„Ich bin die Wächterin der Zeit. Wenn um 12.47 Uhr die Sonne scheint, sehen wir ein Spektakel auf der Meridianlinie", verspricht Caroline Posch-Primes. Die HTL-Lehrerin ist Mitglied des Österreichischen Astronomischen Vereins und führt auf dem 331 m hohen Georgenberg in Liesing durch eine Veranstaltung. Anhand von **SONNENMASTEN**, einer **SONNENUHR** und einer **EKLIPTIKSCHEIBE**, mittels derer sie die Jahresbahn des Zentralgestirns veranschaulicht, erklärt sie das Zustandekommen von Tages- und Jahreszeiten.

Rund ein Dutzend Interessierte hat es an diesem Samstag auf den Georgenberg verschlagen, darunter ein sechsjähriger Bub. Caroline drückt dem Nachwuchsastronomen einen Globus in die Hände. Er läuft auf ihr Geheiß einmal im Kreis, um die Erdumlaufbahn zu demonstrieren.

„Weißt du, wie viel Zeit jetzt vergangen ist?", fragt sie.

„Ein Jahr. Ich weiß auch, je näher sich die Erde an der Sonne befindet, desto schneller bewegt sie sich", antwortet der Volksschüler.

„Weißt du auch, warum?"

„Sie bewegt sich nicht in einer Kreisbahn, sondern in einer Ellipse."

Wir sind von dem jungen Mann beeindruckt und gleichzeitig nervös. Hoffentlich werden wir nichts gefragt.

PICKNICKEN UND MEDITIEREN UNTER STERNEN

Die knapp ein Hektar große Anlage 150 m südwestlich der Wotrubakirche ist das **GRÖSSTE HEIMISCHE FREILUFTPLANETARIUM** und einer der dunkelsten Plätze Wiens, hier

UNTERWEGS

MIT PLAN

FREILUFTPLANETARIUM WIEN – STERNGARTEN GEORGENBERG

Auf der Homepage des Vereins werden die zahlreichen Veranstaltungen angekündigt. Die Teilnahme ist kostenlos, Spenden werden gerne entgegengenommen. Um Anmeldung auf der Homepage unter Menüpunkt „Veranstaltungen" wird gebeten.

www.astroverein.at

sieht man mit freiem Auge bis zu fünfmal mehr Sterne als in der Stadt. An diesem Ort werden die Berufs- und Hobbyastronominnen nicht von den Lichtern der Großstadt behelligt. Hier beobachten sie am Tag den Lauf der Sonne und in der Nacht leuchtende Gestirne und Himmelsphänomene. Im **STERNGARTEN** finden regelmäßig Veranstaltungen rund um das Thema Astronomie statt. Die Vereinsmitglieder erklären unser Sonnensystem und allerlei Vorgänge am Himmel, organisieren Exkursionen, Meditationsstunden unter Sternen und nächtliche Picknicks. Bei speziellen Phänomenen wie Finsternissen, Kometen und Perseidennächten laden sie zu **SONDERFÜHRUNGEN.** Einmal jährlich beehrt der als „Science Buster" bekannt gewordene **PHYSIKER WERNER GRUBER** den Sterngarten und hält einen Vortrag über ein wissenschaftliches Thema. Obmann Professor Gottfried Gerstbach und sein Team verstehen ihre Vereinsarbeit als Bildungsauftrag. Initiiert und errichtet wurde das in Europa einzigartige Freiluftplanetarium in den Jahren 1997 bis 2001 von Professor Hermann Mucke (1935–2019). Die Anlage umfasst eine Sitzstufenpyramide mit 200 Plätzen, einen Südpfeiler mit Sonnenstandsmarken, um den Beginn der Jahreszeiten zu markieren, sowie einen Nordpfeiler mit einer Pol- bzw. Lochscheibe, sechs Sonnensäulen, eine Meridianlinie mit „Knick" und eine Sonnenuhr. Der Sterngarten ist für **HIMMELSBEOBACHTUNGEN** jederzeit frei zugänglich.

„Nun ist es 12.45 Uhr!", ruft die Wächterin der Zeit. Wir folgen ihr zu der riesigen, begehbaren Sonnenuhr. Deren Zeiger ist ein parallel zur Erdachse ausgerichteter 15 Meter langer Schrägmast. Mit dem Schatten einer auf dem Nordpfeiler positionierten Lochscheibe lässt sich auf der Meridianlinie der **WAHRE MITTAG** bis auf wenige Sekunden genau bestimmen. Der liegt (sommerzeitbereinigt) je nach Jahreszeit zwischen 11:36 und 12:07 MEZ. Die zwei Minuten verstreichen, doch die Wolken machen uns einen Strich durch die Rechnung. Nur schemenhaft nehmen wir den Lichtpunkt im Schatten der Lochscheibe wahr. Um die „wahre Mittagszeit" zu erfahren, werden wir wiederkommen müssen.

Abseits der Lichter der Großstadt ist die Sicht auf den Sternenhimmel phänomenal. Romantikern empfehlen wir die Sternschnuppenabende und das „Picknick unter Sternen".

WEITERE TIPPS

WIEN SPONTAN

In Hietzing mit Lichtgeschwindigkeit wandern: Im 13. und 23. Bezirk entlang der Lainzer Tiergartenmauer befindet sich der vom Österreichischen Astronomischen Verein errichtete etwa sechs Kilometer lange Wiener Planetenwanderweg. Der Lehrpfad führt durch eine idyllische Waldlandschaft und veranschaulicht die Planeten und ihre Bahnradien im Maßstab 1:1.000.000.000 (Milliarde) mit spektakulären Bildern. Ein Meter der Strecke entspricht einer Million Kilometer im Sonnensystem. Der Astroverein bietet auch geführte Exkursionen entlang des Planetenwanderwegs an.

www.astroverein.at

WIEN MIT PLAN

Vom Zentrum in den Himmel blicken: Die Urania Sternwarte ist die älteste und zugleich modernste Volkssternwarte Österreichs. Mit einem Doppel-Teleskop in der sich drehenden Beobachtungskuppel können Besucherinnen im Zuge der Führung „Himmelsblicke" ins Weltall schauen. Heute würde man wegen der Luftverschmutzung wohl keine Sternwarte mehr mitten in der Großstadt bauen. Die hohe Brennweite der Fernrohre auf dem Dach der Urania gleicht den urbanen Nachteil jedoch aus. Laut einem Experten ist die Sicht in jenen Nächten besonders günstig, in denen der Mond die Form eines Kipferls hat.

www.vhs.at/de/e/planetarium

Wo 9000 Sterne auch bei Regen funkeln: Unweit vom Riesenrad liegt das Planetarium der Stadt Wien, in dem man auch bei Schlechtwetter den Sternenhimmel täuschend echt erleben kann. Der modernste Sternenprojektor der Welt bildet über 9000 Sterne, die Milchstraße und Galaxien naturgetreu an der großen Kuppel ab. Außerdem stehen Shows, Führungen, Experimente, Workshops und Kurse zu naturwissenschaftlichen Themen für Jung und Alt auf dem Programm.

www.vhs.at/de/e/planetarium

~

Die Gestirne wie damals beobachten: Einen Blick ins Weltall gewährt auch die seit über 130 Jahren bestehende Kuffner Sternwarte in Ottakring. Das historische Bauwerk ist ein architektonisches Juwel mit gut erhaltenen und originalgetreu restaurierten astronomischen Instrumenten. Der Nachthimmel kann hier noch immer wie im 19. Jahrhundert beobachtet werden, das verleiht dem Besuch ein besonderes Flair. Ein Detail am Rande sei noch erwähnt: Der damalige Besitzer der Ottakringer Brauerei Moriz von Kuffner (1854–1939) legte den Grundstein für die Sternwarte am Wilhelminenberg.

www.kuffner-sternwarte.at

Oben: Immer schön im Takt bleiben, sonst murren die Wiener Philharmoniker.
Unten: Sonotopia ist eine zauberhafte Soundlandschaft mit Experimentierstationen.

HAUS DER MUSIK

ERFORSCHEN ERFAHREN

Familientipp

Mit Klängen, Schall und Instrumenten experimentieren

Schön- und Schlechtwetter / Paare, Familien / Dauer: 2–3 Stunden / 10–22 Uhr / U4 Stadtpark, U1 und U4 Karlsplatz, U1 und U3 Stephansplatz / 1. Bezirk, Seilerstätte 30 / Haus der Musik

„Entschuldigung, das ist unbrauchbar! Mit diesem Gefuchtel irritieren Sie uns ja nur! Versuchen Sie, im Rhythmus zu bleiben." Welche Ehre! Ein echter Wiener Philharmoniker spricht uns an, er beschwert sich ob des fehlenden Taktgefühls. Nun erheben sich seine Kollegen von den Stühlen und klopfen aus Protest über unsere dilettantischen Dirigierversuche mit ihren Bögen auf die Notenständer. Die Technik macht es möglich, dass man auf einem digitalen Notenpult zwischen sechs bekannten Musikstücken wie dem Wiener Walzer oder der Kleinen Nachtmusik wählen kann. Wir schwingen nochmals den Taktstock, diesmal zum Radetzkymarsch. Das Orchester passt sich unserer Geschwindigkeit an, bis wir erneut aus dem Takt geraten.

Im Haus der Musik wird selbst absoluten Amateuren erlaubt, die **WIENER PHILHARMONIKER** zu dirigieren. Das Museum in der Seilerstätte erstreckt sich auf vier Etagen und präsentiert **MULTIMEDIALE UND INTERAKTIVE STATIONEN**, bei denen die Besucherinnen sanft in die Welt der Klänge eingeführt werden. Untergebracht ist es in einem historischen Palais, in dem auch **OTTO NICOLAI** (1810–1849), der Gründer der Wiener Philharmoniker, sechs Jahre gelebt hat.

Schon beim Eintreten verwandeln die Pianotasten auf den **BEWEGUNGSSENSITIVEN STUFEN** die eigenen Schritte in Töne. Kinderleicht erscheint das Komponieren eines Walzers mit vier virtuellen **WÜRFELN**, denen jeweils zwei Takte und ein Instrument zugeordnet sind. Modern ist das Motion Tracking, mit dem das Spiel funktioniert, die Methode selbst ist alt. Bereits Wolfgang Amadeus Mozart und Joseph Haydn überließen im 18. Jahrhundert ihre Kompositio-

UNTERWEGS

MIT PLAN

HAUS DER MUSIK

Das Haus der Musik ist nicht nur kinderfreundlich, sondern auch barrierefrei. Zusatztipp für Nachteulen: Täglich ab 20 Uhr halbiert sich der Eintrittspreis, außerdem ist der Besucherandrang nicht mehr so groß.

www.hdm.at

nen manchmal dem Zufall und würfelten ihre Takte.

Im zweiten Stock betreten wir **SONOTOPIA**, eine Soundlandschaft mit Experimentierstationen. Hier tauchen wir in die Klangwelt eines Embryos, eines Schimpansen oder eines Karpfens ein. Was hört ein Kind im Mutterleib? Wie nimmt ein Tier Musik akustisch auf? Im **WAHRNEHMUNGSLABOR** erstellen wir unsere eigene Hörkurve, im **ORIGIN-RAUM** hören wir unter den Klangduschen die berühmten ersten Worte des Astronauten Neil Armstrong auf dem Mond und die Kirchenglocken vom Markusplatz in Venedig. Wir dürfen auf eine Riesentrommel schlagen oder im Labor mit unseren Fingern ein Klangwesen kreieren.

DIE ALTEN MEISTER ALS HOLOGRAMME

Den großen Meistern der Wiener Klassik ist eine **EIGENE ETAGE** gewidmet. Hier trifft Historisches auf modernste Technik. Wolfgang Amadeus Mozart, Ludwig van Beethoven, Joseph Haydn, Johann Strauß Sohn und Franz Schubert schweben zur Begrüßung als Hologramme in Vitrinen, jedem von ihnen inklusive Gustav Mahler ist zudem ein eigener Ausstellungsraum gewidmet.

Von Mozart und seiner Ehefrau Constanze fertigte man anhand von Briefen und Erzählungen fotorealistische Phantombilder, die überdimensional in einem Schauraum ausgestellt sind. Vor allem Kinder lieben die Station **FACING MOZART**, die die eigene Gesichtsmimik via Facetracking auf sein Porträt zaubert, und das Spiel **„NAMADEUS"**, bei dem wir unsere Namen in Mozartkompositionen umwandeln können.

Beethovens zunehmende Taubheit wird anhand mehrerer Hörrohre vermittelt. Im Laufe der Zeit hören wir seine Kompositionen immer leiser, das letzte Rohr bleibt stumm, der tragische Hörverlust des Komponisten ist gut nachvollziehbar. In den nächsten Räumen heben die heiteren Klänge von Schubertiaden und Walzern die Stimmung wieder. Vielleicht sollten wir doch noch einen Versuch als Dirigentinnen wagen?

Im Haus der Musik weiß man, dass ein Museumsbesuch ein kurzweiliges Erlebnis sein soll. Wissenschaftliche Erkenntnisse und Wissenswertes rund um die Themen Musik und Klangwelten werden mittels moderner Technik als Unterhaltungsprogramm für alle Altersgruppen präsentiert und vermittelt.

WEITERE TIPPS

WIEN MIT PLAN

Im Kursalon Strauß und Mozart lauschen: Im Kursalon Hübner, einem eleganten Palais im Stadtpark, dirigierte einst Walzerkönig Johann Strauß sein Orchester. Heute kann man von hier aus direkt auf seine vergoldete Statue sehen, vor der sich Touristen so gerne fotografieren lassen. Das ausgezeichnete Salonorchester Alt Wien spielt regelmäßig die schönsten Werke von Strauß und Mozart. Die Konzerte sind auch mit einem mehrgängigen Dinner kombinierbar. Die größten Musiker unserer Zeit verschlug es in das Palais im Stadtpark. So wurden die Rolling-Stones-Mitglieder Keith Richards und Ron Wood bei einem Konzert im Kursalon gesichtet.

www.kursalonwien.at,
www.soundofvienna.at/de

~

Sich von der Zauberflöte im Marionettentheater betören lassen: Bezaubernd sind die liebevoll angefertigten Figuren in aufwendigen Kostümen, denen unsichtbare Fädenzieherinnen unfassbar viel Leben einhauchen, professionell ist das Bühnenbild mit der modernen Licht- und Tontechnik. Die Arien und der Gesang stammen von Aufnahmen aus der Wiener Staatsoper. Das Marionettentheater Schloss Schönbrunn spielt neben anderen bekannten Stücken mehrmals pro Woche „Die Zauberflöte" von Wolfgang Amadeus Mozart, mal als zweistündige Aufführung für Erwachsene, mal als gekürzte Fassung für Kinder. Nach der Vorstellung werfen die Zuseher noch einen Blick hinter die Kulissen.

www.marionettentheater.at

~

Das Geheimnis der verborgenen Orgel lüften: In der zentral gelegenen Franziskanerkirche verbirgt sich ein einzigartiges Stück Musikgeschichte, von dem nur wenige wissen. Hinter dem Hochaltar befindet sich die älteste bespielbare Orgel Wiens. Die Wöckherl-Orgel wurde 1642 erbaut und in Betrieb genommen. Im 18. Jahrhundert hat man das barocke Klangjuwel eingemauert und durch eine neue Orgel auf der Empore abgelöst. Das mit feinsten Schnitzereien verzierte Instrument blieb gut versteckt im Originalzustand erhalten und kann nur bei den Führungen besichtigt werden, die jeden Freitag um 14 Uhr inklusive Hörprobe stattfinden.

www.woeckherl-orgel.wien/
orgelpraesentationen.html

~

Sich in Ottakring an weanerischer Musik erfreuen: Der Liebhartstaler Bockkeller in Ottakring ist die Heimat des Wiener Volksliedwerkes. Unter anderem finden hier Konzerte mit Schwerpunkt wienerische, österreichische und internationale Volksmusik statt. Jeden ersten Montag im Monat um 19 Uhr spielen die Neuen Wiener Concert Schrammeln im historischen Spiegelsaal auf.

www.wienervolksliedwerk.at

Oben: Im Ames-Raum schrumpfen wir auf Kindergröße.
Unten: Die „Kunst der freundlichen Täuschung“ hat viele Gesichter.

MUSEUM DER ILLUSIONEN

ERFORSCHEN
ERFAHREN

Familientipp

Abtauchen in die Welt der Sinnestäuschungen

Schön- und Schlechtwetter / Familie, Freunde / Dauer: 1 Stunde / 10–18 Uhr / U3 Herrengasse / 1. Bezirk, Wallnerstraße 4 / Museum der Illusionen

In der Wiener Innenstadt gibt es einen magischen Ort, an dem die Besucherinnen bewusst in die Irre geführt werden, und sie empfinden sogar Freude daran. Im **MUSEUM DER ILLUSIONEN** verwirren und überraschen vermeintliche Größenunterschiede von identen Objekten, Farbtäuschungen, Blicke in die Unendlichkeit, erstaunliche Perspektiven, faszinierende Hologramme, wachsende oder schrumpfende Menschen, ein amüsanter Gesichtertausch unter Freunden und einiges mehr.

Im Jahr 2017 ist die **INTERAKTIVE AUSSTELLUNG** in die Räumlichkeiten des ehrwürdigen Palais Esterházy eingezogen und unterhält seitdem Groß und Klein mit der „Kunst der freundlichen Täuschung". Das Konzept stammt ursprünglich aus Zagreb und hat sich mittlerweile weltweit verbreitet. In Wien werden **RUND 50 EXPONATE** präsentiert. Man darf sie angreifen, betreten, fotografieren und filmen. Im Gegensatz zu anderen Museen ist das nicht nur erlaubt, sondern ausdrücklich erwünscht.

Das Exponat mit dem Konterfei von **ALBERT EINSTEIN** bringt uns schon kurz nach dem Eintreten zum Staunen. Es ist egal, wohin wir uns bewegen, nach links oder rechts, nach oben oder unten, der Blick des Wissenschaftlers folgt uns in jede Richtung. Halten wir uns ein Auge zu, rückt er nach vorne. „Das nennt sich die **ILLUSION DES LEEREN GESICHTS**", erklärt Museumsmitarbeiterin Sophie Wiesinger. „Wir registrieren ein dreidimensional hervorstehendes Gesicht, doch in der Realität ist Einsteins Kopf nach innen gewölbt. Nur unser Gehirn stülpt ihn nach außen.

UNTERWEGS

MIT PLAN

DAS MUSEUM DER ILLUSIONEN BESUCHEN

Die Eintrittskarten gibt es direkt beim Eingang zu kaufen, Reservierungen sind nicht möglich. Am Wochenende und speziell an Schlechtwettertagen kann es vor dem Einlass zu Wartezeiten von etwa 15 Minuten kommen. Die Mitarbeiter verkürzen den Besucherinnen die Zeit mit Spielen und Zaubertricks. Auf Vorbestellung und ab einer Gruppe von zehn Personen wird eine 30-minütige Zaubershow eines professionellen Illusionisten mit anschließender Führung durch das Museum angeboten.

museumderillusionen.at

Das Museum der Illusionen ist vor allem in der Gruppe ein kurzweiliger Spaß. Speziell bei den Fotostationen sind zumindest drei Personen (zwei modeln, eine fotografiert) von Vorteil.

Manchmal sehen wir etwas, das in Wirklichkeit völlig anders ist. Doch nicht die Augen spielen uns einen Streich, sondern unser Verstand."

SCHRUMPFEN, SCHWANKEN, SCHWEBEN

Der **BEUCHET-STUHL** ist eines dieser faszinierenden Objekte. Unser Fotomodell, das auf dem Beuchet-Stuhl sitzt, schrumpft auf dem Kameradisplay zu einem Zwerg, im verkehrten Raum produzieren wir Bilder, auf denen wir durch die Luft schweben. Um die kuriosen Effekte aufs Bild zu bannen, ist die optimale Position zum Fotografieren anzuraten. Das nächste Objekt, der vieldeutige **ZYLINDER**, gaukelt uns vor, mal rund, mal eckig zu sein. Eine statisch gepunktete Oberfläche bewegt sich auf den zweiten Blick wellenförmig. Im gedrehten Raum verlieren wir den Gleichgewichtssinn. Der **AMES-RAUM** lässt selbst ein Volksschulkind optisch über Mama und Papa hinauswachsen. Im **VORTEX-TUNNEL** laufen wir schwankend durch einen rotierenden Zylinder, obwohl wir festen Boden unter den Füßen haben.

An jeder Station verblüfft uns eine andere, fintenreiche Täuschung, doch wir lassen uns gerne zum Narren halten. An dieser Stelle sei der amerikanische Schriftsteller Elbert Hubbard zitiert: „Ich liebe die Zauberer, weil sie die ehrlichsten Leute sind, die man sich vorstellen kann: Sie sagen einem, dass sie dich täuschen wollen. Und dann tun sie es."

WEITERE TIPPS

WIEN SPONTAN

Gefälschte Kunstwerke enttarnen: Das Fälschermuseum in Wien-Landstraße ist ein Museum ohne Originale, es stellt stattdessen Fälschungen und Kopien aus und präsentiert erstaunliche und skurrile Kriminalfälle rund um dieses Thema. Das Privatmuseum ist ein Unikat in Europa, vermutlich sogar weltweit. Unter anderem werden Arbeiten des Fälschers der Hitler-Tagebücher Konrad Kujau gezeigt. Laut Schätzungen sind 10 Prozent aller Bilder in Museen weltweit Fälschungen. Manche davon sind so gut gemacht, dass selbst Kunstkennerinnen glauben, ein Original in Händen zu halten. Auch Führungen sind nach Terminabsprache möglich.

www.faelschermuseum.com

WIEN SPONTAN UND MIT PLAN

Sich im Museum bezaubern lassen: Wer mehr über die Kunst der Täuschung erfahren möchte, macht einen Abstecher ins Zauberkasten-Museum im 12. Bezirk. Das Museum beherbergt mit rund 3000 Objekten aus drei Jahrhunderten die größte Zauberkastensammlung der Welt, 200 daraus werden in einer Dauerausstellung präsentiert. Spontane Besuche sind nur jeden 1. Sonntag im Monat von 10–16 Uhr möglich. Gegen Voranmeldung werden einstündige Sonderführungen inklusive Darbietung einiger Zauberkunststücke für Gruppen ab 10 Personen angeboten.

www.zauberkasten-museum.at

~

Zirkusluft schnuppern: Das Circus- & Clownmuseum in der Leopoldstadt präsentiert aktuelle und historische Requisiten und Kostüme von Clowns sowie Illusionistinnen, Zauberer, Artistinnen, Bauchredner und interaktive Stationen, zum Beispiel ein echtes Nagelbrett. Der Eintritt ist frei, die Öffnungszeiten sind leider sehr eingeschränkt (Sonntag 10–13 Uhr). Gegen Voranmeldung kann man eine Führung buchen, die mit einer Clown- und Zaubershow endet.

www.circus-clownmuseum.at

~

Bei einem magischen Dinner teilnehmen: Ein bis zweimal im Monat präsentieren die Mitglieder des Magischen Klubs Wien bei den ZauberDelikatEssen im Festsaal des Hotels Stefanie während des Dinners ihre Zauberkünste. Seit 1991 finden die magischen Abende im Traditionshotel regelmäßig statt. Tickets vorbestellen:

www.hotelstefanie.wien, magischerklub.org/gaesteabende

Oben: Fluggeräte erzählen die Geschichte vom größten Traum der Menschheit.
Unten: Der LD-Tiegel zur Stahlgewinnung ist das größte Objekt des Museums.

ERFORSCHEN ERFAHREN

Familientipp

Technik und Naturwissenschaften spielend begreifen

Schön- und Schlechtwetter / Paare, Kinder / Dauer: ab 3 Stunden / 9–18 Uhr / 52er und 60er Penzinger Straße / 14. Bezirk, Mariahilfer Straße 212 / Technisches Museum Wien

Bäuchlings legen wir uns auf ein roboterähnliches Flugkonstrukt mit dem Namen **BIRDLY®** und schnallen uns eine VR-Brille um. Je nach persönlicher Präferenz fliegen wir wie ein Vogel über und durch eine moderne Großstadt, eine prähistorische Landschaft, die von Dinosauriern bevölkert wird, oder schweben durch ein Korallenriff. Der Wind bläst uns ins Gesicht. Den Flug steuern wir mit unseren Armen, das Virtual-Reality-Erlebnis dauert jeweils vier Minuten. Auf der gleichen Ebene erfahren wir auf einem **ROLLSTUHLSIMULATOR**, welche Herausforderungen gehbehinderte Menschen täglich meistern. Eine **RUTSCHE MIT GESCHWINDIGKEITSMESSUNG** fordert nahe dem Eingang zum Wettkampf auf.

Mehr als ein Dutzend themenspezifische Bereiche sind auf vier Ebenen untergebracht, 10.000 Exponate auf 22.000 m² Ausstellungsfläche öffentlich zugänglich. Das **TECHNISCHE MUSEUM WIEN (TMW)** präsentiert trotzdem „nur“ etwa 5 bis 7 Prozent der hauseigenen Sammlung, der Rest lagert in Depots und Archiven. Neben der Menge an Objekten rund um die Themen Technik und Naturwissenschaften finden sich unzählige interaktive Stationen, an denen Jung und Alt experimentieren, forschen, mühelos lernen und Spaß haben.

Auch skurrile Ausstellungsstücke aus der Rubrik „Erfindungen, die die Welt nicht braucht“ entdecken wir auf unserer Museumswanderung. Schräg ist die **ELEKTRISCHE WIMPERNTUSCHE**, absurd die **RADIOAKTIVE ZAHNPASTA**, die einst für ein strahlendes Lächeln sorgen sollte.

UNTERWEGS

MIT PLAN

DAS TECHNISCHE MUSEUM WIEN BESUCHEN

An Wochenenden, Feiertagen und im Juli/August ist der Besuch des Museums erst eine Stunde später (ab 10 Uhr) möglich, die interaktiven Features und Bereiche haben jeweils unterschiedliche Öffnungszeiten. Für Familien ist eine Jahreskarte empfehlenswert. Es gibt regelmäßig Neuerungen und temporäre Ausstellungen.

www.technischesmuseum.at

Selten haben wir in einem Museum so viele völlig in sich versunkene Kinder und Jugendliche beobachtet. Die zahlreichen interaktiven Exponate begeistern sie für Schulfächer, die viele von uns nie leiden konnten.

Erstaunlich finden wir die allesschreibende **WUNDERMASCHINE**, konstruiert von einem Untertanen Maria Theresias im Jahr 1760. Die sitzende Messingfigur, ausgerüstet mit Feder und Tintenfass, konnte damals bis zu 68 gespeicherte Buchstaben schreiben, und sie kann es noch heute. Die Mitarbeiter des Museums nahmen die Maschine im Zuge von Restaurierungsarbeiten in Betrieb und „programmierten" die Worte: Technisches Museum Wien. Tatsächlich lieferte die Wundermaschine auch nach 250 Jahren ab, die geplante Obsoleszenz war im 18. Jahrhundert noch nicht erfunden.

LEHRREICHE ERLEBNISWELTEN FÜR DIE JÜNGSTEN

Umfassend ist im TMW auch das Angebot für Kinder. Beim Bereich **DAS MINI** handelt es sich um eine Erlebniswelt für angehende Technikerinnen und Forscher. Die Drei- bis Sechsjährigen dürfen in die Rolle von Polizistinnen und Feuerwehrmännern schlüpfen, können in einem Bohrturm spielen oder durch Hüpfen Töne erzeugen. Die neueste Attraktion für Kinder wurde im Frühling 2021 eröffnet und eignet sich auch für Volksschüler. Im **MINIXPLORE** werden Kompetenzen wie Mathematik, Informatik, Naturwissenschaften und Technik spielerisch gefördert. Ein überdimensionaler Kabelsalat soll entwirrt werden, auf einer übergroßen Pixelwand mit bunten Steckern lernt der Nachwuchs die Funktionsweise von Pixeln durch Haptik verstehen, Spielkameradinnen programmieren einander einen sicheren Weg aus einem Alligatorensumpf. Das **TECHLAB** wiederum richtet sich an Jugendliche und Erwachsene, die 3D-Drucker, Laser Cutter und Schneideplotter ausprobieren möchten.

WEITERE TIPPS

WIEN MIT PLAN

Im Museum der Nerdigkeiten experimentieren: Das Museum der Nerdigkeiten in Simmering vermittelt auf 500 m² interaktiv Forschung und Wissenschaft, auch für Nicht-Nerds. Die Besucherinnen dürfen die Exponate nicht nur angreifen, sondern auch unter professioneller Anleitung damit experimentieren. Sie können mit einem 3D-Drucker auf Milchschaum das eigene Gesicht drucken, frittierte und in Schokolade getunkte Insekten verkosten, mit Gedanken Hasenohren aus Plüsch steuern oder durch die Bewegung von Spielsteinen Klänge und Licht erzeugen. Der Besuch ist nur gegen Voranmeldung und ab sechs Personen möglich und dauert etwa eine Stunde.

www.museumdernerdigkeiten.at

~

In Simmering nach Herzenslust baggern: Mit einem Bagger Autos herumschieben oder Mauern umreißen ist im Baggerpark Simmering nicht nur erlaubt, sondern ausdrücklich erwünscht. Auf einem 10.000 m² großen Areal in der Nähe des Alberner Hafens dürfen sich Kinder (Empfehlung: ab dem Volksschulalter) zwischen aufgegrabenen Löchern, Baumaschinen, Leitkegeln und einer alten Tramway austoben. Auch Erwachsene können ihren Spieltrieb auf größeren Maschinen und mit anspruchsvolleren Aufgaben ausleben. Telefonische Voranmeldung.

www.baggerpark.at

Im Windkanal fliegen: Der WIND·O·BONA Windkanal im Wiener Prater zählt zu den größten und sichersten Flugkammern Europas und weist eine Windgeschwindigkeit von bis zu 280 km/h auf. Skydiver-Neulinge dürfen nach einer kurzen Einschulung mit einer Schutzausrüstung und einem Trainer in den Kanal. Angeblich können die meisten Flugschülerinnen nach sechs Minuten Training im Windkanal selbstständig hinauf- und hinunterschweben.

www.windobona.at

WIEN SPONTAN

Sich von einem Kellner-Roboter bedienen lassen: Das japanische Restaurant HIRO in Floridsdorf lässt das Herz von Technikfans höherschlagen. Es ist das erste Lokal in Österreich, in dem man mit dem Handy die Bestellung durchführen kann, und auf Wunsch wird sie von einem Roboter serviert. Er ist ausgesprochen höflich, begrüßt die Gäste und wünscht „Guten Appetit". Nur beim Abkassieren soll es noch etwas hapern, da muss dann doch eine Kollegin aus Fleisch und Blut zu Hilfe eilen. Ach so, da wäre noch das Essen: Im HIRO werden japanische Spezialitäten „All you can eat à la carte" kredenzt.

www.hirowien.at

ALLES AUF EINEN BLICK

LITERATUR- UND QUELLENVERZEICHNIS

Ackerl, Isabella / Jahn, Harald A.: Unbekanntes Wien. Verborgene Schönheit. Schimmernde Pracht. Pichler, Wien/Graz/Klagenfurt 2010/2015.

Gruber, Alexandra / Mendel, Marliese: 50 Dinge, die ein Wiener getan haben muss. Styria, Wien/Graz/Klagenfurt 2015.

Gruber, Alexandra / Muhr, Wolfgang: 20 x Wien schräg & schrill. Pichler, Wien/Graz/Klagenfurt 2016.

Hlavac, Christian: Wiener Parkgeschichten. Von Gärtnern, Kaisern und Grünoasen. Amalthea, Wien 2021.

Lindinger, Michaela: Kaiserin Elisabeths Hermesvilla. Refugium einer rastlosen Seele, Residenz/Wien Museum, Wien 2020.

Lindinger, Michaela: Verborgenes Wien. Jonglez, Berlin 2017.

Smith, Duncan J. D.: Nur in Wien. Ein Reiseführer zu sonderbaren Orten, geheimen Plätzen und versteckten Sehenswürdigkeiten, Brandstätter, Wien 6. Auflage 2010.

Stift, Heidi Salome: Lieblingsorte der Wiener. Ein Führer zu legendären Orten in der Stadt und deren spannenden Geschichten – am Wasser, im Grünen, in alten Gemäuern und im Kaffeehaus. Falter, Wien 2004.

Weibrecht, Judith: Wien – Stadtabenteuer. Michael Müller, Erlangen 2019.

Weiss, Walter M.: 99 x Wien wie Sie es noch nicht kennen. Bruckmann, München 2015.

Onlinequellen

www.wien.info/de/sightseeing/sehenswuerdigkeiten/a-z

www.stadt-wien.at/wien/touristinfo/touristinformation.html

www.1000things.at

goodnight.at

www.stadtbekannt.at

Weiters wurden unter anderem diverse Informationsschriften der in diesem Buch vorgestellten Sehenswürdigkeiten und deren Websites als Quellen herangezogen.

BILDNACHWEIS

Alexandra Gruber: 1 u, 2, 24 o, 28, 42 u, 87 o, 130 u, 162 o, 192 o, 200 o.

Wolfgang Muhr: 5 r, 7, 8, 9, 11, 20 u, 24 u, 32, 36, 42 o, 46, 50, 54, 58 u, 62, 66, 72, 76, 80, 84, 87 u, 94, 98, 102, 106, 110, 115, 118, 122, 126, 130 o, 134, 138, 142, 146, 150, 154, 158, 162 u, 166, 170, 176, 180, 184, 188, 192 u, 196 u, 200 u.

Christian Reimeir: 5 l, 58 o, 196 o.

Time Travel Vienna: 20 o.

Harald Eisenberger: 207

Ankeruhr S. 91: Adobestock/Gina Sanders

Hundertwasserhaus S.1 oben: Adobestock/Mistervlad

Icons: Gettyimages/StudioU

DIE AUTOREN

Alexandra Gruber ist seit über 20 Jahren glückliche Wahlwienerin. Sie ist Journalistin und Mitautorin mehrerer Sachbücher. **Wolfgang Muhr** hat es vor über 30 Jahren nach Wien verschlagen. Gemeinsam mit seiner Co-Autorin widmet er sich mit Begeisterung dem Aufspüren von ungewöhnlichen Sehenswürdigkeiten. Zusammen veröffentlichten die beiden zuletzt bei Styria: „Vom Wienerwald zur Buckligen Welt – Wiener Becken & Wiener Alpen erleben“ sowie „Kamele reiten, mit Wölfen spazieren, mit Straußen um die Wette laufen – Tierisch gute Ausflugsziele in Wien, Niederösterreich und Burgenland“. Ihr neuer Wien-Stadtführer ist eine Einladung an alle, die sich von dieser vielgestaltigen Stadt überraschen lassen wollen.

Die Webseite der Autoren:
www.panoramabox.at

VIELEN DANK!

Besonderen Dank an Petra und Jochen Thiele, Christian Reimeir und Fabio Muhr, die uns bei einigen Touren begleitet und sich als Fotomodels zur Verfügung gestellt haben. Julia und Bernhard Ichner für zahlreiche Tipps. Dem Wettergott für die vielen Sonnentage. Weiters danken wir allen Personen, die uns mit Informationsmaterial, Interviews und Führungen unterstützt haben.

HINWEIS

Informationen und Kontaktdaten wurden sorgfältig recherchiert und entsprechen dem aktuellen Stand bei Fertigstellung des Buches (Herbst 2021). Ein rascher Blick ins Internet sorgt vor dem Aufbruch dafür, dass ein Ausflug sicher gelingt.

Für Aktivitäten in Zusammenhang mit diesem Buch kann von den Autoren und dem Verlag keine Haftung übernommen werden.

STYRIA
BUCHVERLAGE

© 2022 by Styria Verlag
in der Verlagsgruppe Styria GmbH & Co KG
Wien – Graz
Alle Rechte vorbehalten.

ISBN 978-3-222-13698-6

Bücher aus der Verlagsgruppe Styria gibt es in jeder Buchhandlung und im Online-Shop www.styriabooks.at

Buch- & Covergestaltung:
Jefferson & Högerle, jefferson-hoegerle.com
Lektorat: Philipp Rissel
Korrektorat: Dorrit Korger
Konzept & Projektleitung: Sophie Wolf
Herstellungsleitung: Maria Schuster

Druck und Bindung: Finidr
7 6 5 4 3 2 1
Printed in the EU

Hat Ihnen Ihr spontaner Ausflug nach Wien gefallen? Dann freuen wir uns über Ihre Weiterempfehlung. Erzählen Sie davon im Freundeskreis, berichten Sie Ihrem Buchhändler oder bewerten Sie beim Onlinekauf.

Wünschen Sie weitere Informationen? Möchten Sie mit unseren Autoren in Kontakt treten? Wir freuen uns auf Austausch und Anregung unter **leserstimme@styriabooks.at**

Inspiration, Geschenkideen und gute Geschichten finden Sie auf **www.styriabooks.at**